프리모 레비의 말

■ 이 도서의 국립중앙도서관 출판예정도서목록(CIP)은
서지정보유통지원시스템 홈페이지(http://seoji.nl.go.kr)와
국가자료공동목록시스템(http://www.nl.go.kr/kolisnet)에서 이용하실 수 있습니다.
(CIP제어번호: CIP2019012346)

프리모 레비의 말

아우슈비츠 생존 화학자의 마지막 인터뷰

프리모 레비
조반니 테시오
이현경 옮김

마음산책

옮긴이 **이현경**

한국외국어대학교 이탈리아어과를 졸업하고 동 대학원에서 이탈로 칼비노 연구로 비교문학과 박사 학위를 받았다. 한국외국어대학교 이탈리아어 통번역학과에서 강의하고 있다. 이탈리아 대사관에서 주관하는 제1회 번역문학상과 이탈리아 정부에서 수여하는 국가번역문학상을 수상했다. 옮긴 책으로 『이것이 인간인가』 『주기율표』 『지금이 아니면 언제?』 『바우돌리노』 『미의 역사』 『보이지 않는 도시들』 『반쪼가리 자작』 『나무 위의 남작』 『모든 우주만화』 『어느 겨울밤 한 여행자가』 등이 있다.

프리모 레비의 말
아우슈비츠 생존 화학자의 마지막 인터뷰

1판 1쇄 인쇄 2019년 4월 20일
1판 1쇄 발행 2019년 4월 25일

지은이 | 프리모 레비 · 조반니 테시오
옮긴이 | 이현경
펴낸이 | 정은숙
펴낸곳 | 마음산책

편집 | 이승학 · 최해경 · 최지연 · 이복규   디자인 | 이혜진 · 최정윤
마케팅 | 권혁준 · 김종민   경영지원 | 박지혜

등록 | 2000년 7월 28일(제13-653호)
주소 | (우 04043) 서울시 마포구 잔다리로 3안길 20
전화 | 대표 362-1452 편집 362-1451   팩스 | 362-1455
홈페이지 | http://www.maumsan.com
블로그 | maumsanchaek.blog.me
트위터 | http://twitter.com/maumsanchaek
페이스북 | http://www.facebook.com/maumsanchaek
전자우편 | maum@maumsan.com

ISBN 978-89-6090-576-4 03300

* 책값은 뒤표지에 있습니다.
* 본문 중 일부 사진은 저작권자와 연락이 닿는 대로
  정식으로 사용 허락을 구하겠습니다.

책들은 기억이고 유물입니다.

■ 일러두기

1. 이 책은 『Io che vi parlo』(Einaudi, 2016)를 우리말로 옮긴 것이다. 이 책에 실린 세 번의 만남 이후에도 인터뷰가 약속돼 있었으나 프리모 레비의 자살로 성사되지 못했다.
2. 외국 인명·지명·작품명 및 독음은 외래어표기법을 따르되 관용적인 표기와 동떨어진 경우 절충하여 실용적 표기를 따랐다.
3. 원주는 각주로 내렸고 옮긴이 주는 글줄 상단에 맞추어 작게 표기했다.
4. 국내에 번역된 책은 번역된 제목을 따랐고, 아직 번역되지 않은 책은 원어 제목을 독음대로 적거나 필요한 경우 우리말로 옮기고 원어를 병기했다.
5. 영화명, 잡지와 신문, 시리즈 등 연속간행물명은 〈 〉로, 장편소설과 책 제목은 『 』로, 단편소설과 논문 제목, 기타 편명은 「 」로 묶었다.

내가 알던 프리모 레비

> 대화를 위한 공간은 등산가가 산을 오를 때
> 기울이는 정도의 노력을 통해 만들어진다.
> ——오시프 만델스탐, 『단테에 관한 대화』

"전투 계획은 벌써 다 세웠겠지요?" 1987년 1월 12일 오후, 레움베르토가街 75번지 4층 서재에서 내가 받았던 질문이다.

문학적인 의미에서만이 아니라, 우리의 20세기 무대를 가로질러왔다는 면에서 전설적인 작가 중의 하나라고 할 만한 사람, 가장 신뢰할 수 있는 아우슈비츠 증인 중의 한 사람, 진실하지만 정신과 육체에 상처를 간직하고 있을 게 분명한 남자가 내게 질문을 했다. 그는 세속주의와 이성, 의심과 의문에 통달한 사람이자 선명하고 강인하며 결단력 있고 행동에 망설임이 없는 대가이기도 하다.

"20세기 초의 다른 부르주아의 집들"(『타인의 직업L'altrui mestiere』이 출간된 뒤 어떤 글에서 묘사했듯이)과 별로 다를 게 없는 그 집의 서재,

장식이 없는 넓은 서재에서 프리모 레비는 어찌 보면 그 상황에서 가장 예측 가능한 질문을 했지만 난 당황스러웠다. 어쨌든 예측 가능한 그 질문에 대해서든 그 질문을 들으며 당황한 이유를 밝히기 위해서든 나는 몇 가지 설명을 미리 해야만 한다.

내가 프리모 레비를 처음 알게 된 것은 1967년 에이나우디Einaudi 출판사의 〈코랄로Corallo〉 시리즈에 포함된 『이것이 인간인가』를 읽으면서다. 그리고 10년 뒤 레비를 직접 만나게 되었는데, 학교에서 사용할 피에몬테 작가 선집●을 준비하면서, 편집자가 선정한 페이지가 내 기억에 남은 『이것이 인간인가』와 전혀 일치하지 않는다는 사실을 발견했기 때문이다. 대조를 해보다가 내가 읽은 에이나우디판 『이것이 인간인가』 이전의 판본이 있다는 사실을 알게 되었다. 1947년 데실바De Silva 출판사에서 출간된 책이었다. 데실바 출판사는 토리노 반파시즘 운동의 주요 인물이었던 프랑코 안토니첼리Franco Antonicelli. 뛰어난 수필가이자 작가, 시인이었다. 반파시스트로서 1935년 유형 선고를 받았으나 자유의 몸이 되어서 1936년에 데실바 출판사를 설립했다가 1942년 설립했다가 1949년 문을 닫았다. 데실바판과 1958년 에이나우디 초판을 비교하면서 변화된 부분이 적지 않았고 가볍게 넘길 만한 것도 아니라는 사실을 발견하게 되었다. 그 뒤 재판된 책은 에이나우디 초판과 동일하다. 그래서 나는 용기를 내서(피에몬테에서는 이럴 때 쓰는 좋은 말

● 〈대지의 심장과 피Il cuore e il sangue della terra〉, Virginia Galante Garrone 편집, D'Anna, 1976.

이 있다. "Mettere bon bèch", 말 그대로 '부리를 잘 들이밀다'라는 뜻이다) 작가에게 전화를 걸었다. 레비는 주저 없이 나를 자신의 집에 초대했고 내가 참고할 공책을 주었다. 올리브색 표지의 두꺼운 그 공책에서 본문에 추가된 내용을 확인할 수 있었다. 그렇게 해서 나는 논문●●을 한 편 썼는데, 솔직히 말하면 이것저것 섞어놓은 논문으로(실비오 오르토나 덕에, 베르첼리 시에서 발간하는 공산당 정기간행물 〈라미코델포폴로L'Amico del Popolo〉에 이미 실렸던 장章들은 참고하지 않았다) 분명 완벽하지는 않았지만 어쨌든 꽤 성공적이었다.

그 뒤에도 나는 레비를 찾아가서 변형된 본문에 관해 질문을 했다. 레비는 직접 거의 모든 장을 공책에 손으로 쓴 『휴전』뿐만 아니라 바로 그 무렵 출판하기 위해 타자기로 친 『멍키스패너』원고까지 내게 건네주었다. 이 책은 1978년 출간되었다. 그래서 나는 레비가 컴퓨터가 도착해서 〈라스탐파La Stampa〉지에 「필경사Lo scriba」(이 글은 나중에 『타인의 직업』에 수록되었다)라는 글을 썼을 때 나에 대한 암시가 들어 있다는 것을 확신할 수 있었다. 이 글에서 레비는 "계속되는 삭제와 수정 탓에, '무한'을 완벽하게 만들 여정을 재구성하는 데 몰두한 문헌학자로서의 고귀한 기쁨을 잃"고 한탄하는 "문학적 친구" 이야기를 한다.

첫 번째 글을 쓴 뒤 다른 글들도 발표했다. 특히 2년 뒤에는 〈벨파

●● 「『이것이 인간인가』의 첨삭과 변형에 대해Su alcune giunte e varianti di "Se questo è un uomo"」, 『Studi Piemontesi』, VI, 1977, n.2.

고르Belfagor)에 '비판적 초상화'를 발표했다. 꽤 많은 리뷰와 인터뷰도 이어졌다. 그렇다 보니 레비는 『불확실한 시간에Ad ora incerta』라는 시집을 출간하려 했을 때 가능성 있고 괜찮은 출판사를 선별하기 위해 내게 조언을 구했다. 에이나우디 출판사가 심각한 위기를 맞던 시기였고 다른 작가들이 출판사를 떠났다. 예를 들어 랄라 로마노Lalla Romano 같은 경우 『머나먼 바다에서Nei mari estremi』를 몬다도리Mondadori 출판사에서 출간했다. 나는 가르잔티Garzanti 출판사를 고려해보라고 조언했고 레비는 내 조언을 따랐다.

레비는 절도와 분별력이 있고 겸손했으며 아주 친절했다. 나는 레비의 책에서 볼 수 있는 정확한 표현뿐만 아니라 다양한 분야에 대한 그의 꼼꼼한 지식과 선명한 기억에 매료되었다. 또한 환대의 태도와 정확하고 간결하지만 적잖은 우울이 스며든 언어로 의사소통할 수 있는 분명하면서도 특별한 능력도 매력적이었다. 획일화된 틀을 피하고 풍요롭고 화려하지만 절제된 언어, 우아하게 표현된 말-사물을 글쓰기의 토대로 삼는 능력 말이다.

레비를 알게 되었다는 것은 이런 의미이기도 하다. 쓰인 언어에서도 말할 때와 같은 그의 목소리의 결, 미사여구를 사용하지 않지만 무기력하지 않고 친숙하면서도 유쾌하고 단조롭지만 폭발하는 표현력을 가진 그런 결을 찾아낼 수 있다는 의미.

우리 사이에는 단순히 예의를 갖추는 관계 이상의 무엇이 탄생했다. 그래서 존댓말을 하다가 서로 말을 놓게 되었고 때때로 내게 보내는 책에 형식을 무시한 헌사를 쓰는 걸 당연하게 생각했다. 간단히

연구실에서(1952)

말하자면 일종의 습관 같은 게 생겼고 여러 가지 상황이 결합되어 대화에 관한 아이디어가 탄생했다. 레비에게 도움이 필요한 듯이 보이던 시기에 내가 레비에게 대화를 제안한 것이다. 제안을 한 그 당장에는 뚜렷한 계획이 없었지만 나는 물론 레비가 폭넓게 실험하고 누차 주장했던 그 교훈, "이야기가 최고의 치료제"라는 교훈을 적용했다.

페르디난도 카몬Ferdinando Camon은 「프리모 레비의 자화상」•에서 갑자기 이렇게 말한다. 아마도 소설화한 개인적 경험을 암시하면서였을 것이다. "당신은 우울한 남자도 불안한 남자도 아닙니다." 그러자 의외의 말에 호기심을 느낀 게 분명한 레비는 이런 질문으로 대답을 대신했다. "책을 읽어보고 그런 인상을 받은 겁니까? 아니면 나를 만나면서?" 카몬이 "당신을 만나면서입니다"라고 대답하자 레비가 분명하게 말한다. "전반적으로는 당신 말이 맞습니다. 그렇지만 나는 수용소 이후 몇 번 심각한 우울증을 경험한 적이 있습니다. 그게 수용소 경험과 연결되는지는 정확히 모르겠습니다. 매번 명칭으로 불리기 때문이죠. 이상해 보일 겁니다. 하지만 최근에도 아무 이유 없이 심각하고 터무니없는 우울에 사로잡혀 있었어요. 발에 작은 수술을 했는데 이 수술을 하고 나니 갑자기 내가 늙었다는 생각이 들더군요. 상처가 아무는 데 두 달이 걸렸습니다. 나를 만나고 그

• F. Camon, 「Autoritratto di Primo Levi」, 〈Nord-Est〉, Nord-Est, 1987, n.2.

런 인상을 받았는지 내 책을 읽고 그런 인상을 받았는지 물은 이유가 여기 있습니다."

페르디난도 카몬과의 인터뷰는 1982년과 1986년 사이에 이루어진 만남의 결과였다.(마지막 만남은 1986년 5월 말의 일요일이었는데 이로부터 채 1년도 되지 않아 레비가 사망했다.) 주제별로 진행된 인터뷰여서 방금 인용한 구절이 마지막 만남에서 한 말인지는 정확히 말하기가 어렵다.

어쨌든 그렇게 되어서 1986년 크리스마스이브에 나는 레비에게 자서전을 위한 자료를 함께 준비하자는 제안을 했고 우리는 곧 그것을 "승인된" 자서전으로 불렀다. 나는 별안간 레비에게서 어떤 균열을 감지했다. 그래서 이유는 알 수 없지만 그에게 작업을 제안하고픈 충동이 일었던 것이다. 솔직히 말하면 그 말을 할 때까지는 막연하게 생각만 했을 뿐 구체적인 계획조차 없었다. 그래서 나는 직관적으로 "승인된" 자서전에 편리한 방법을 사용하기로 했다. 레비는 놀랍게도 별다른 반대 없이 그것을 즉시 받아들였다.

그리하여 나는 1987년 새해, 1월 12일에 작은 녹음기를 가지고 레비의 집을 방문했다. 그때 레비가 이렇게 운을 떼었다. "전투 계획은 벌써 다 세웠겠지요?" 난 어쩔 수 없이—전투 계획은 말할 것도 고—아무 계획도 없다고 고백하지 않을 수 없었다. 그리고 카몬이 자신의 인터뷰에서 밝혔던, "그의 전 작품과 일생에 관련을 지으려 고심한 일련의 체계적인 질문과 쟁점과 문제점 들"도 나는 준비하지 않았다고 말이다. 대신 나는 그 무렵 되도록 많은 자료와 정보를 수

집하려 했다. 우리는 문제점보다는 사실과 사람에 더 집중하며 최대한 시간 순서대로 이야기를 나누자는 것 외에는 규칙이나 진행 방식을 정하지 않았다. 여행이 진행되면서 더 좋은 순서를 발견할 수 있을 아주 간단한 지침이었다.

1987년 1월 12일의 첫 만남 이후 1월 26일과 2월 8일에 두 번을 더 만났는데 모두 오후였다. 녹음이 될 경우 레비가 말하기 꺼릴 수 있을 문제들을 더 자유롭게 이야기하려고 나는 여러 차례 녹음기를 껐다. 어떤 때는 레비가 내게 질문을 했고 때로는 내가 먼저 묻기도 했다. 그 밖에도 우리는 명백한 사항들에 합의했다. 대화가 특별한 상황에 접어들면 레비 본인이 내게 자신의 고백은 "번역"되어야만 한다는 점을 상기시켰다. '위기'에 처한 게 분명해 보이는 순간에 내게 이렇게 말했다. "처음부터 당신에게 말했지요. 번역되어야 할 고백들이 있습니다." 좀 더 정확히 말하면 해석해야 할 고백이었다.

다른 인터뷰와 우리 대화의 진짜 차이는 대화의 내용보다 그 분위기에 있었다. 어조와 몸짓 같은. 레비는 보통 때와 다름없이 정확한 언어를 사용했지만 이따금 평상시와는 다른 모습을 보이기도 했다. 그러니까 세 번의 만남 중 두 번째 만남을 마치고 헤어질 때, 굳은 악수에 머물고 말던 평상시의 습관과 달리 그는 나를 포옹했다.

세 번째 대화를 나누고 난 뒤 레비는 수술을 받으러 입원하느라 만남을 중단해야 할 것 같다고 말했다. 그는 자신이 어떡해야 하는지 아는 사람처럼, 부드럽지만 그러나 반박을 허용하지 않는 단호한 말투로 병문안을 오지도 말고 안부 전화도 하지 말라고 말했다. 나는 그의 명령을 따랐다.

레비가 수술을 받기 전, 막 출간된 나의 작품집을 전하려고 다시 한 번 그의 집을 찾았다. 그 작품집에 나는 『주기율표』의 「비소」를 실었다. 불만스러워 보이지는 않았다. 그는 이 소설이 얼마 전 중국어로 번역되었다고 말해주었다. 그때 레비는 『주기율표』에 에밀리오로 나오는 친구 알베르토 살모니와 함께 있었다. 하지만 현관에서 이루어진 아주 짧은 만남이었다.

어느새 4월이 되어 부활절을 앞둔 금요일에 레비에게 연락을 해보기로 마음을 먹었다. 정오 무렵 그에게 전화를 했다. 그가 받았다. 목소리는 친절했고 기분도 나쁘지 않은 듯했다. 내가 묻기도 전에 "다시 일을 시작"할 준비가 됐다고 알려주었다. 일요일에 "미국 사진작가"가 사진을 찍으러 오기로 되어 있어서 그녀를 만나야 하니 그날만 피해달라고 부탁했다. 그래서 우리는 다음 주에 내가 다시 전화를 걸어 약속을 잡기로 했다. 그러나 약속은 영영 다시 잡을 수 없었다.

조반니 테시오

원고를 읽어준 마우리치오 크로세티와 귀도 다비코 보니노에게 꼭 감사 인사를 전하고 싶다. 중간에서 애를 쓰고 후원해준 파비오 레비에게도 감사한다.

차 례

토리노에서(1981)

레비   전투 계획은 벌써 다 세웠겠지요?

테시오   시간 순서대로 진행을 하고 싶습니다. 당신의 가족, 아버지와 어머니에 대한 기억에서부터. 그분들이 어디 출신인지부터 말입니다. 간단히 말씀드리자면 당신 가족의 초상화, 친조부모님과 외조부모님의 그림을 대략 그려보려 합니다……. 아버님 얘기부터 할까요?

레비   제 아버지에 대해서는 『주기율표』를 통해 이미 많이 이야기했지만 몇 가지 더 이야기할 수 있습니다. 아버지께서는 암으로 예순넷이라는 그리 많지 않은 나이에 돌아가셨습니다. 건강을 잃지 않았을 때는 인생을 즐길 줄 아는 분이었지요. 지식과 배움에 대한 열망이 아주 큰 분이었어요. 여행을 많이 했고 프랑스어와 독일어를 유창하게 구사했습니다. 예순 살에 영어 공부를 시작하고 적분을 다시 공부하셨어요. 엔지니어로서 이미 다 공부했지만 적분 연습을 계속하곤 했죠. 지금도 가끔 집 안에서 아버지가 쓰던 종이들, 특히 적분을 연습한 종이들을 발견하곤 해요. 푼 문제도 있고 풀지 못한 것도 있더라고요.

테시오 　어디로 여행을 하셨나요?

레비 　처음에는 프랑스와 벨기에를 여행했고 헝가리 부다페스트에서 몇 년 지내셨지요.

테시오 　계속 회사에서 일하셨지요?

레비 　그렇습니다. 제1차 세계대전 중에는 이탈리아에 계셨지만 베어링, 그러니까 군수 물품 제조 공장을 책임져야 해서 군 복무를 면제받았습니다. 아버지는 어쩔 수 없는 일이었다고 생각했어요.

테시오 　공장은 어디에 있었습니까?

레비 　기억으로는 토리노였어요. 그렇지만 무슨 공장인지는 모릅니다. 아버지는 제1차 세계대전이 발발했을 때 부다페스트에 계셨습니다. 하지만 그때는 시대가 달랐지요. 아버지를 수용소로 보내는 대신 여행 허가증을 주어 이탈리아로 돌려보냈고 아버지는 무사히 이탈리아에 도착했습니다. 그 뒤에도 헝가리와 연락을 이어갔지요. 기계를 제작하고 전기공사를 담당하는 큰 회사에서 일하셨습니다. 그 회사에서 설계 엔지니어로 일했지요. 그러다가 저와 제 동생이 태어난 뒤에 피에몬테주와 리구리아주를 총괄하는 그 공장지사의 대표가 되셨어요. 엔지니어 고유의 일은 거의 하지 않았지만 대표였기 때문에 장비의 조립을 관리 감독했습니다. 그래서 피에몬테주와 리구리아주 전역을 출장 다니셨어요.

테시오   상당히 활력적인 분이셨군요.

레비   호기심이 아주 강한 분이었는데 두 가지 의미에서입니다. 하나는 모든 일에 조금씩 흥미를 느껴서 책을 굉장히 많이 읽으셨거든요. 다른 하나는 '봉 비방bon vivant. '친구, 음식, 술 등으로 인생을 즐기며 사는 사람'이라는 뜻의 프랑스어'이어서 좋은 음식 먹는 걸 즐기셨기 때문입니다. 아버지는 재산을 크게 모은 적이 없습니다. 이따금 집에서 자동차를 사자는 이야기를 하곤 했던 것 같지만 그 당시 자가용을 갖는 건 아직은 꿈같은 일이었지요. 물론 자동차는 계속 구입하지 못했습니다.

테시오   유복한 가정이었지요.

레비   그렇습니다. 꽤 잘살았어요. 지나치지 않을 정도로 유복했습니다. 일하는 아주머니가 한 분 상주했지요. 그러나 그 시절에는 일하는 아주머니를 두는 게 아주 흔한 일이었습니다. 그 아주머니가 집안일을 다 맡았어요. 그분은 성녀 리타에 대한 신앙심이 깊었는데 우리 가족에게 가톨릭으로 개종하라고 조심스레 설득을 하곤 했습니다. 친절하고 아주 차분한 여인이었지요.

테시오   부친 이야기를 다시 해볼까요?

레비   아버지는 다양한 일화와 윗옷과 책 때문에 유명했습니다. 계산자로 햄 가격을 확인했기 때문이기도 합니다. 코네의 식료품점 주인은 아버지가 재빨리 확인을 하고 순식간에 곱셈을 하는 것을 보고 호기심이 생겨서 자신도 아오스타에서 그 자를 하나 샀습니다. 그러더니 나중에 아버지에게 항의를 했지요. "내 자로는 계산이 안 돼요!" 그게 쉽지는 않았거든요. 이제 그건 고고학적 유물이 되었지요. 이제 아무도 그런 자를 가지고 있지 않아요. 40년 전 일입니다. 이제 구시대의 도구가 된 겁니다. 나는 아직도 아버지가 쓰던 그 계산자를 보관하고 있습니다.

테시오   유품으로 가지고 계신건가요?

레비   빨리 대충 곱셈을 해야 할 때면 전자계산기보다 빠릅니다.

테시오   부친 외모는 어땠습니까?

레비   키가 작았고 다부지고 아주 건강하셨습니다. 평생 치과 한 번 안 간 걸 자랑스럽게 생각하셨죠. 어떤 운동도 하지 않았지만 그래도 타고난 풍채가 상당히 보기 좋았습니다. 건강한 체질이었어요.

"종교에 대해서 아버지는 무엇보다
반전통적이었다고 말해야 할 겁니다"

테시오   아버님에 대한 이야기를 듣다 보니 당신은 유대교 교육을 받지 않은 것 같습니다.

레비   그렇기도 하고 아니기도 했습니다. 아버지가 직접 말씀하시지는 않았지만 아버지 입장은 굉장히 모호했어요. 아버지는 어떤 랍비의 집에서 하숙을 한 적이 있는데 그때 랍비에게서 뭔가를 흡수했습니다. 그런데 특히 유대교 의식을 흡수하셨지요. 아버지는 햄을 먹을 때 약간 양심의 가책을

아버지, 동생과(1920년대)

느꼈지만 그래도 그냥 먹었습니다. 내 기억으로는 키푸르 유대교의 속죄의 날로 금식을 한다에 시너고그유대교회당에 날 데려간 적이 거의 없었던 것 같아요. 아침 식사를 건너뛴다는 의미에서 금식을 했다고도 하겠지만 점심에는 식사를 하셨습니다. 그러니까 간단히 말해 심각한 의미로, 종교에 대해서 아버지는 무엇보다 반전통적이었다고 말해야 할 겁니다. 대화를 나눌 때에도 아버지는 종교 이야기를 하지 않았습니다. 내가 네 살 때였던 게 분명한데, 아버지가 "우리는 유대인이다"라고 말했던 기억이 납니다. 아버지에게 그게 무슨 뜻이냐고 묻자 아버지가 설명을 해줬는데 전 하나도 이해를 못해서 유대인들을 뜻하는 '에브레이ebrei'와 책이라는 뜻의 '리브리libri'를 연결했습니다. 지금도 나는 '리브로'와 '에브레오'각각 단수형이다를 어원적으로 잘못 연결하기도 합니다. 어원적으로 말입니다.

테시오   어쨌든 음은 유사하지 않습니까…….

레비   음이 유사한 게 우연만은 아닙니다. 유대인은 책의 민족이니까요. 그런 걸 그때는 전혀 몰랐습니다. 아마 아버지도 몰랐을 겁니다. 물론 아버지가 저더러 유대인이라는 사실을 분명히 드러내라고 요구하지는 않았습니다. 학교 같은 곳에서 말이지요. 부모님과 여선생님 모두 그 문제에 대해 내게 주의를 주었습니다. 당시 초등학교에서는 수업을 시작할 때 학생들이 모두 일어서서 주기도문을 외웠습니다. 나는 일어서 있기는 했지만 주기도문을 외우지는 않았어요. 대다수가 믿는 종교를 존중해주는 이런 행동을 높이 평가한 선생님이 나를 쓰다듬어주었던 기억이 납니다. 그리고 종교 수업 시간에는 나와 발도 파 교도인 한 아이는 밖으로 나가라는 부탁을 받았습니다. 그래서 복도 의자에 앉아 따분해하며 수업이 끝나기를 기다려야 했지요.

테시오   그런 경험이 그저 따분할 뿐이었습니까? 혹시 차별로 느끼지는 않았나요?

레비   따분했을 뿐 차별로 느끼지는 않았습니다.

테시오   초등학교 때 친구들과의 관계는 평범했나요?

레비   너무나 평범했습니다.

"종교로서의 유대교는
내게 전달되지 않았습니다"

테시오   그렇지만 그 후에…….

레비 맞습니다. 이렇게 전제를 하고 싶군요. 종교로서의 유대교
는 내게 전달되지 않았습니다. 삶의 방식으로서의 유대교
는 어느 정도 전달되었습니다. 어쩌면 무차별적으로 독서
를 하고 지식을 습득하는 아버지의 능력이 유대인의 유산
일 수 있으니까요. 아버지의 두 형제도 마찬가지였습니다.
두 분은 아버지와는 상당히 달랐지만 세 형제가 서로의 책
을 몰래 가져다 읽고 어떤 책이 흥미로워 보이는지 서로 정
보를 주고받았습니다. 세 분 다 프랑스어를 읽으실 수 있었
습니다. 아버지는 독일어도 읽었지요. 아버지는 내용의 대
부분을 이해하지 못했지만 고집스레 독일어 원전으로 쇼펜
하우어를 읽었습니다. 아버지는 배경지식이 없었어요. 아버
지는 인문계 고등학교가 아니라 기술학교를 졸업했습니다.
그래서 내용의 상당 부분을 이해할 수 없었어요.

테시오 그래도 그걸 원하셨지요.

레비 물론 아버지에게는 강렬한 열정이 있었지요. 제 기억으로는
아버지가 여자들을 좀 좋아했기 때문인 것도 같습니다.

테시오 모든 면에서 "봉 비방"이셨군요.

레비 맞습니다. 아버지는 어머니의 친구들에게 쇼펜하우어 이야

기를 하며 유혹을 해보려 했지만 결과는 신통치 않았습니다. 부인들은 뒤에서 비웃기도 하고 아버지를 미치광이 취급하기도 했습니다. 아버지가 발견을 하나 했습니다. 밤바^{Vamba. 이탈리아의 작가이자 저널리스트인 루이지 베르텔리의 필명}가 쓴 『태풍 소년 잔의 일기Il giornalino di Gian Burrasca』 기억납니까? 그건 표절이었어요. 아무도 그 사실을 알아차리지 못한 게 이상한 일이지요. 아버지는 『태풍 소년 잔의 일기』가 출간되기 전에 독일어로 쓰인 똑같은 책을 이탈리아어로 우리에게 읽어주었어요. 어떤 책이 있었는데 제목은 기억이 안 납니다. 그저 단어만 몇 개 생각나요. 버릇없는 아이 이야기였어요. 그런데 말 그대로 거의 『태풍 소년 잔의 일기』와 똑같았지요. 그에 관해 좀 확인해보는 게 좋을 것 같습니다. '부베Bube'라는 단어만 기억이 나요. 부베는 소년이라는 뜻이지요. 내 동생과 나는 "아빠, 부베 읽어주세요"라고 말하곤 했어요. 그러면 아버지가 즉석에서 번역을 해서 읽어주었지요.

테시오 부친께서 표절 이야기를 하셨나요?

레비 『태풍 소년 잔의 일기』가 출간되었을 때 우리에게 말씀하셨어요. "이건 다 베꼈네."

테시오   부친께서 아주 호감 가는 분이셨군요.

레비   많은 사람에게 호감을 샀지요. 제가 이야기를 나눠본 사람
들은 하나같이 아버지를 좋아했습니다. 아버지하고 전 그리
친밀한 관계는 아니었습니다. 자상하고 자식에게 신경을 많
이 쓰는 아버지라고 할 만한 분은 아니었어요. 아버지는 제
가 학교에서 좋은 성적을 받는 걸 자랑스러워했지만 엄밀
한 의미에서 아버지와의 관계, 보호를 하고 방향을 제시하
고 감정을 공유하는 관계는 거의 없었습니다.

테시오   그러니까 당신은 아버지로서 부친에 대한 기억은 별로 없
으시군요.

레비   아버지가 돌아가셨을 때 저는 스물한 살이었습니다. 아니,
1942년에 돌아가셨으니 스물세 살이었군요. 크게 슬프지는
않았던 것 같습니다.

테시오   아버지와 함께 산책도 하곤 했나요?

레비   아니요, 아버지는 산책을 진짜 싫어했어요. 도시 사람이었
죠. 도시 남자 말입니다. 우리를 데리고 산책을 가기는 했
지만 포Po가를 걷는 게 전부였어요. 야외로 우리와 함께 소

풍을 가야겠다는 생각은 아마 한 번도 하지 않았을 겁니다. 아버지는 야외를 좋아하지 않았고 자연에 흥미가 없었어요. 혹시 야외로 나가도 대개는 바르도네키아와 메아나, 토레펠리체 같은 근교의 전원이었는데 아버지는 책을 읽거나 카드 게임을 했습니다. 아버지는 우리에게 타로 카드 게임을 하게 했어요. 게임 방법을 가르쳐주었죠. 그리고 당신과 카드 게임을 해야 한다고 우겨서 우리도 하기는 했지만 별로 재미는 없었습니다.

테시오   아버지가 원하는 대로 따라주지 않았군요…….

레비   아버지는 당신의 어린 시절 놀이를 우리에게 가르쳐주었죠. 팽이를 하나 사서 어떻게 돌리는지 보여주었어요. 팽이가 어떻게 작동하는지 말이지요. 쉽지 않았어요. 그리고 팽이채로 다른 사람의 팽이를 공격하는 법도 알려주었지요. 딱총나무 가지로 '에쎄초페트$^{s-ciopèt}$' 만드는 법도 가르쳐주었고요.

테시오   에쎄초페트는 어떻게 작동합니까?

레비   에쎄초페트는 속이 빈 딱총나무 가지에 작은 뭉치 두 개를 끼워 넣는데 하나는 총알이고 하나는 압축기 역할을 합니다.

두 번째 뭉치를 누르면 첫 번째 뭉치가 발사되는 거지요.

테시오 아버지는 아주 예측하기 힘든 분이셨군요.

레비 상당히 어린아이 같은 분이었습니다. 어머니에게 좋은 남편이었다고 생각하지 않습니다. 아버지는 사교적인 분이었고 친구들과 어울리고 극장에 가는 걸 좋아했습니다. 어머니는 아주 내성적이었고 아버지와 열다섯 살 차이가 났습니다.

테시오 그런데 두 분은 중매결혼을 하신 겁니까? 이런 질문이 좀 무례해도 용서해주시기 바랍니다.

레비 맞습니다. 양쪽 부모님이 중매를 섰지요. 아버지는 흔히 말하는 똑똑한 남자였습니다. 전도가 양양했고 실제로 성공했지요. 어머니는 매우 전통적인 교육을 받은 분입니다. 그렇게 똑똑하고 유능한 엔지니어에게 어머니가 매력을 느꼈는지 어떤지는 모르겠습니다. 아마 그랬겠지요. 어머니는 어린 아가씨였고 아버지는 경험이 많은 남자였으니까요.

테시오 어쨌거나 어머님께서 그 부분에 대해 당신에게 이야기하신 적은 없는 거군요.

레비   없습니다.

테시오   종교교육 문제로 잠시 돌아가보도록 하지요. 어머니의 태도는 아버지와 달랐나요? 어머니는 유대인의 전통을 훨씬 더 존중하신 경향이 있습니까?

레비   전통적인 면은 그랬는데 종교적인 부분은 특별히 그렇지는 않습니다.

테시오   그러니까 어머니도 유대교를 믿는 집안 출신이 아니셨던 겁니까?

레비   이상하지요. 제 외할아버지께서는 종교적인 면에서도 전통을 고수한 분입니다. 회당에 나가셨고 축일을 다 지켰지요. 어머니는 이상하게 그런 부분을 받아들이지 않았습니다. 하지만 당신도 잘 알다시피 유대인의 전통에서 여자들은 그다지 중요하지 않으며 그리 큰일을 맡기지 않습니다.

테시오   이런 질문이 의미가 있는지 모르겠지만 당신에게 더 많은 영향력을 미친 분은 누구십니까?

레비   물론 아버지보다는 어머니시죠.

테시오　어머니가 훨씬 더 의미가 있었단 겁니까?

레비　아버지는 유전적으로 영향을 미쳤다고 해야 할 겁니다. 지식에 대한 열망을 물려주었고 그 본보기도 보여주었으니까요. 아버지는 제게 많은 책을 사다 주셨습니다. 읽고 싶다고 말만 하면 책이 도착했습니다. 어머니에게서는 어떤 신중함을 물려받은 게 분명한데 이런 문제는 말로 하기가 쉽지 않습니다. 어머니가 아직 살아 계시니까요…….

"안이 아니라 밖에서 봐야
더 잘 보이는 일들이 있습니다"

테시오　꼭 그 문제를 이야기할 필요는 없습니다.

레비　그렇기는 한데 안이 아니라 밖에서 봐야 더 잘 보이는 일들이 있습니다. 물론 어머니와 나는 둘 다 지혜롭다는 말을 듣는데 그런 평판이 맞는지는 잘 모르지만, 둘 다 지나치게 힘에 겨운 일을 하려고는 하지 않습니다. 아버지는 능력 이상의 일을 하려는 경향이 있었지요. 그런데 제가 절대 전문가가 될 것도 아니면서 완전히 무의미하고 무모하게 등산을 하는 이유는 어떻게 설명해야 좋을지 모르겠군요. 두 분 중 누구에게 물려받은 기질인지 모르겠어요. 뿐만 아니라 아버지 어머니 모두 등산을 완전히 반대했던 기억이 납니다. 등산은 나 자신에게 주는 보상이었고, 반항이었습니다…….

테시오   조상들로부터 온순한 광기를 약간 물려받기도 하지 않았나요?

레비   아, 맞습니다. 옛날 옛적의 조상들로부터 물려받았을 수 있습니다. 그렇지만 제가 아는 조상들은 그런 분들이 아니었습니다. 다른 조상들에 대해 알게 되었지요. 아시겠지만 명심해야 할 것은 내가 묘사했던• 조상들은 말 그대로 아주 넓은 의미에서의 조상들이라는 겁니다. 유대인 공동체, 즉 케힐라kehillah에 속한 다른 유대인들의 조상을 빌려온 것이지요.

테시오   친조부모 이야기를 좀 해볼까요?

• 레비는 "화학과 화학자들에 관한 책" 『주기율표』(Einaudi, 1975)의 첫 장 「아르곤」을 언급한다. 「아르곤」은 바로 진짜 조상과 허구의 조상들의 이야기다. 그러니까 엄밀한 의미에서 가족의 기억에서만 이끌어낸 게 아니라 더 폭넓은 증언과 이야기를 통해 수집한 것이다. 다소 터무니없기도 하고 상상을 초월한 이야기로, 알베르토 카발리온은 레비에게 직접 타자한 원고를 선물로 받아 읽고 쓴 논문 「아르곤과 피에몬테 유대인 문화Argon e la culura ebraica piemontese」(『프리모 레비—현재와 과거Primo Levi. Il presente del passato』, Alberto Cavaglion 편집, Franco Angeli, 1991)에서 정제된 독서의 예를 보여준다.

레비 전 친할아버지를 뵌 적이 없습니다. 자살을 하셨는데 어떤 상황에서 그렇게 되었는지는 잘 모릅니다. 경제적인 어려움이 있었는지 어땠는지 모르겠습니다. 내 이름도 할아버지 이름을 따서, 할아버지처럼 미켈레라고 부릅니다.

테시오 미켈레요?

레비 그렇습니다. 프리모 미켈레, 이름이 두 개지요. 할아버지에 관해서는 아는 게 없어요. 할아버지 초상화와 대학 졸업논문을 찾았습니다. 할아버지도 엔지니어셨지요.

테시오 집안의 전통이군요.

레비 할아버지께서 진짜 엔지니어 일을 하지는 않으셨을 겁니다. 아마 베네바지엔나토리노에서 남쪽으로 60킬로미터 지점에 위치한 피에몬테주의 도시에 토지를 가지고 있어서 그 땅을 관리하셨던 것 같습니다. 자살에 관해서는 아는 바가 전혀 없습니다. 알고 싶지도 않고요. 친할머니에 관해서는 『주기율표』에 썼지요. 그 외에 덧붙일 이야기는 거의 없습니다. 호감가는 여인이 아니었어요. 어딘가에 할머니 사진을 몇 장 보관하고 있습니다. 19세기 말에 찍은 사진들이지요. 할머니는 매우 아름다웠어요. 그래서 기독교도 의사와 재혼을 했습니다. 유대인과 기독교인의 결혼이 지금보다 훨씬 더 흔했지요. 저는 할머니를 굉장히 무서워했습니다.

테시오 유대인과 기독교인의 결혼이 지금보다 훨씬 흔했다고요?

레비 그렇습니다. 자유화의 바람이 그 문을 연 겁니다. 저는 그런 결혼을 한 친척들 이야기를 많이 들었습니다.

테시오 그럼 이제는 그렇지 않다는 말입니까?

레비 뭐라고 말해야 할지 모르겠습니다. 자료가 없으니까요. 전쟁과 인종법 이후에는 분명 그랬습니다. 인종법은 유대인들을 다시 폐쇄적으로 만들었습니다. 유대인의 경계를 벗어나 결혼할 생각은 꿈에도 하지 않았습니다. 했더라도 소수에 불과했지요.

테시오 숙부 두 분은 어떤 일을 하셨나요?

레비 한 분은 안과 의사였는데 그분 역시 '봉 비방'이었습니다. 사실 세 분 다 그랬지요. 이 숙부님은 아주 불안정하고 매우 불안한 여자와 결혼을 했습니다…….

테시오   부친과 형제들 이름은?

레비   아버지는 체사레였고 안과 의사 숙부는 마리오, 그리고 엔
         리코 숙부는 주식 중개인이었습니다. 엔리코 숙부는 제노
         바에 살았는데 그분 역시 상당히 불안정한 성격이었어요.
         이 분은 대학 졸업장이 없었으니 세 분 중 제일 학벌이 낮
         았지만 그래도 역시 엄청난 독서가였고 희귀본까지 있는
         놀라운 서재를 가지고 있었지요.

테시오   변함없는 공통점이군요.

레비   친가 쪽 공통점이지요.

테시오   그럼 외가 쪽은?

레비   외할아버지는 집안의 장손이었는데 외할아버지 이름도 체
         사레입니다. 체사레 사르티. 키가 아주 크고 뚱뚱했어요. 뛰
         어난 사업가였죠. 로마가에서 직물 상점 직원으로 일하다
         가 그 상점을 인수해서 수년간 성공적으로 운영했습니다.
         피오사스코토리노에서 남서쪽으로 20킬로미터 떨어진 피에몬테 지방에 별
         장을 구입할 정도로 부자였어요. 우리는 여러 해 동안 그
         별장을 방문하곤 했답니다. 할아버지는 6남매를 두었는데

제 어머니는 장녀였어요.

테시오 말씀 중에 죄송한데…… 그럼 당신 부친은 형제들 가운
데…….

레비 아버지도 장남입니다. 제가 양쪽 집안 장남장녀의 맏아들
이어서 이름이 프리모이탈리아어로 '첫 번째의'라는 뜻라는 소문이
있더군요.

테시오 사르티 할아버지의 6남매는 어땠습니까? 차례로 말씀해주
실 수 있겠습니까?

레비 물론이죠. 첫째는 제 어머니입니다. 전통에 따르면 집안의
여왕인 가정주부셨지요. 제 아내에게는 어머니가 계신 이
집에서 사는 게 항상 그리 쉽지만은 않았습니다. 그래서 아
내가 집안의 여왕이 되었을 때 어머니는 그 자리에서 물러
나야만 했어요. 둘째 딸은 이다였는데 아직 살아 계시고 아
흔 살입니다. 셋째는 교사였어요. 전쟁 중에 브라질로 이민
을 갔습니다. 이름이 넬라였는데 활력이 넘치고 명랑하고
쾌활하고 호감이 가는 분이었어요. 암으로 돌아가셨습니다.

테시오 몇 살에 돌아가셨습니까?

레비   쉰다섯 살 때입니다. 넷째는 남자고 이름은 코라도입니다. 몇 년 전 돌아가셨어요. 외삼촌 이야기는 들려드릴 만한 의미가 있습니다.

테시오   외삼촌도 고령에 돌아가셨나요?

레비   아주 연세가 많을 때 돌아가셨어요. 외삼촌은 아주 유명한데, 공부하기를 원치 않아서 공부를 많이 하지는 않았습니다. 그렇지만 배울 수 있는 악기란 악기는 다 배웠고 여러 언어를 구사했어요. 로마에서 군 복무를 했는데 외출 시간에 극장에 가서 피아노를 연주한 것으로 유명합니다. 어떤 곡이든 연주 가능했고 즉흥적으로도 연주했지요. 1900년에 태어났기 때문에 제1차 세계대전이 발발했을 때 열일곱 살이어서 아슬아슬하게 징집을 피했지요. 전쟁이 끝난 후에는 직물 상점에서 아버지를 도왔습니다. 그렇기는 해도 외삼촌은 여기 토리노 영화의 개척자 중 한 분입니다. 파스트로네Giovanni Pastrone. 영화감독이자 시나리오작가, 배우, 영화제작자이며 무성영화 시대에 이탈리아 영화 기법에 혁신을 가져왔다와 친구여서 파스트로네와 같이 작업을 했고 특수 효과를 담당했습니다. 필요할 때는 배우도 했고요. 그들은 어떤 일이든 가리지 않고 조금씩이라도 함께했습니다. 외삼촌은 파테 베이비Pathé-Baby, 그러니까 소형 영화 카메라를 가지고 있었습니다. 외삼촌은 친구와 친지 들에게 함께 영화 작업을 하자고 권하며 영화를 만들었습니다. 〈폼페이 최후의 날〉의 화산 장면을 외삼촌이 촬영했다는 이야기를 들었지요……. 화산이 그렇게 컸는데 모형이었다고 해요. 외삼촌은 라디오의 선구자 중 한 분이기도 했습니다. 외삼촌이 라디오의 주요 인물들과 함께 일하지 못한 건 그저 사고가 정리되어 있지 않고 규율이 부재했기 때문이에요. 그러나 외삼촌은 광석라디오를 제작했고 그것들을 사용했습니다. 그리고 제게 보여주었지요. 외삼촌은 작업실을 가지고 있었어요. 외삼촌은 모험을 즐기는 남자기도 해서—당시에는 여행이 일상화되지 않았지요—위험하고 험한 산을 등반하기도 했습니다. 수영도 아주 잘했어요. 오토바이가 처음 등장하자 곧 한 대 구입을 했습니다. 외할아버지는 우리 어머니가 첫아들을 낳으면 외삼촌에게 자동차를 사주겠다고 약속하셨습니다. 내가 남자였으니 외삼촌이 자동차를 갖게 된 건 순전히 내 덕이었습니다.

테시오　그래, 외삼촌께서 당신에게 고마워했습니까?

레비　그럼요. 제게 고마워하셨고 자주 저를 차에 태워주었지요. 어쨌든 그 후 외삼촌은 차를 몇 대나 바꿨는지 모릅니다.

테시오   다섯째는?

레비   다섯째는 넷째의 그늘에 가려졌어요. 그 외삼촌에 대해서
         는 별로 할 말이 없습니다. 이름은 구스타보였어요. 공부를
         할 생각이었지만 별로 열심히 하지 않았어요. 유일하게 중
         학교에 입학했지만 1학년만 마치고 말았습니다. 그분은 그
         림자 같았고 아주 온유했는데 형을 흉내 내려 애썼지만 제
         대로 성공하지는 못했습니다. 외할아버지는 짝을 찾아 오
         라고 몇 차례 크루즈 여행을 보냈습니다. 이 외삼촌도 몇
         년 전에 돌아가셨습니다. 여섯째인 이모는 아직도 생존해
         계십니다. 이 이모는 아주 활발하고 명랑했어요. 아마 여섯
         남매 중 가장 똑똑하지 않나 싶어요. 결혼을 하자마자 안타
         깝게도 홀로되고 말았습니다. 다행히 아들 둘을 낳았지요.
         그 뒤로 쭉 혼자 살았고 온갖 일을 다 하며 당당하게 두 아
         들을 키워냈어요. 전쟁 중에는 아들들을 숨기고 자신도 숨
         어야만 했습니다. 그 아들들이 여덟 살과 아홉 살 때였어
         요. '세그레'라는 유대인의 성을 사람들 앞에서 말하지 말
         라고 가르치기가 쉽지 않은 나이였지요. 어쨌든 이모님은
         그 두 아들과 무사히 살아남았습니다. 4년 전부터 아주 먼
         곳에 사십니다.

테시오   아직도 이모님을 뵙습니까?

레비　　　　그럼요. 아직도 만납니다.

테시오　　　여전히 정신이 맑고 활발하신가요?

레비　　　　그렇습니다. 총기를 하나도 잃지 않으셨어요.

테시오　　　그러니까 생생하게 기억을 하신다는 거네요.

레비　　　　그렇지요. 가족에 대해 거의 다 기억하십니다.

테시오　　　이모님을 통해 기억을 퍼 올릴 수 있겠는데요…….

레비　　　　이미 전부 다 퍼 올려 보여주셨어요. 텔레비전 프로그램에
　　　　　　열성적으로 참가했으니까요. 그런데 카라치올로 프로그램
　　　　　　니콜라 카라치올로Nicola Caracciolo가 나치즘과 파시즘의 박해에서 살아남은 유대
　　　　　　인들을 인터뷰한 〈용기와 연민—전쟁 중 유대인과 이탈리아인〉이라는 프로그램에
　　　　　　서 편집되어버렸죠. 이모는 그 프로그램에 참가해서 녹화
　　　　　　를 했는데 이모 분량이 상당 부분 잘려나간 겁니다…….

테시오　　　정말 흥미로워서 이런 질문을 했습니다. 당신 집안에 대한
　　　　　　다른 이야기들을 듣고 싶어서요.

레비   때가 좋지 않은 것 같은데요. 이모가 한쪽 다리에 관절염을
      심하게 앓으셔서요.

"기억을 간직한 사람들이
이제 더는 그것을 지탱할 수가 없습니다"

테시오 당장 그러겠다는 말은 아니고요, 혹시 나중에라도…….

레비   불행하게도 기억을 간직한 사람들이 이제 더는 그것을 지
      탱할 수가 없습니다……. 아, 제 어머니는 아직도 여러 일
      을 기억하시지만 말하고 싶어 하지 않으십니다. 많이 지치
      시기도 했고요. 제가 우리 집안에 관한 역사를 수집하는 주
      요 출처 중의 하나는 둘째 이모 이다의 남편입니다. 이모부
      역시 어떤 랍비 집에 하숙을 했었고 아주 많은 것을 기억하
      고 계십니다. 내게 많은 일화를 이야기해줘서 그걸 다시 소
      설로 탄생시켰습니다. 이모부는 아주 흥미로운 삶을 살았
      는데, 살루초^{피에몬테주 쿠네오 근처의 도시} 근처, 발바라이타 계곡
      가는 길에 있는 베나스카에서는 이모부 집안이 유일한 유
      대인이었기 때문입니다. 이모부는 유대인이기는 하지만 또
      래 아이들과 같은 삶을 살았습니다. 그러니까 셀 수도 없이
      여러 차례 자전거를 타고 하이킹을 하고 등산을 가고 여자
      들을 만나러 다녔습니다. 다만 또래들과 달리 유대인 축일

은 지켜야 했지요. 축일을 지키는 게 집안의 규칙이었으니까요. 이모부는 아주 잘생겨서 돈 조반니 같은 여러 일화가 있답니다. 제1차 세계대전에 참가했는데 말라리아에 걸려서…….

테시오　간단히 말해 당신 집안에는 문화적·지적 호기심이 있었군요…….

레비　그렇습니다.

테시오　제가 보기에는 기술적·과학적 취향도 있었던 것 같은데요. 예를 들어 당신은 부친이 쥘 베른과 에밀리오 살가리Emilio Salgari. 이탈리아의 모험소설 작가를 좋아했다고 회고하셨죠.

레비　예, 그렇습니다. 베른에게 훨씬 더 진지했습니다.

테시오　그러면 여기서 당신의 어린 시절을 한번 떠올려봐도 될까요? 그 시절의 어떤 기억들을 간직하고 있습니까?

레비　까마득히 먼 옛날의 기억들을 간직하고 있습니다. 그중 하나는 한 살 때 기억이 거의 확실합니다. 확실하다고 할 기억이지요. 한 살 때 전 토레펠리체에 있었는데 사람들이 제

앞에서 개미집을 망가뜨렸어요. 어떻게 확인해야 할지 모르지만 분명 그곳이 토레펠리체였고 한 살이었던 게 확실합니다. 건강과 관련된 기억들도 있어요. 예를 들어 제가 손에 찰과상을 입었을 때 한 농부 아낙네가 사투리로 "Che dròlo!(이상한 일이야!)"라고 말했어요. 전 어머니에게 "Che dròlo"가 무슨 뜻인지 물었지요. 또 같이 놀던 여자 친구들이 있었는데 얼마 있지 않아 연락이 끊겨졌어요. 어린 시절에 머물러 있는 기억이 있습니다. 어느 정도였는지는 말할 수 없지만 행복하고 평온했던 기억입니다. 열네 살에서 열다섯 살까지 그랬지요.

테시오 토레펠리체, 바르도네키아, 메아나 같은 시골에서 보낸 여름휴가를 이야기하는 거군요. 매년 장소를 바꿨습니까? 집을 빌렸나요? 아니면 집이 따로 있었나요?

레비 예, 집을, 그러니까 숙소를 빌렸습니다. 시골에서 세 달 정도 지냈습니다.

테시오 그러니까 당신의 유년 시절은 두 부분으로 나뉘는군요. 시골에서의 생활과 도시 생활, 그러니까 학교생활 말입니다.

레비 시골 생활만 기억이 납니다. 학교는 단조롭고 지루했으니까요. 맞아요, 생각나는 건 시골밖에 없어요. 토레펠리체는 아주 또렷이 생각납니다. 바르도네키아 생각도 나요. 메아나도 기억납니다.

테시오   그런 시골을 다시 찾아간 적 있습니까?

레비   그럼요. 다시 가보니 제가 생각하던 것보다 훨씬 작았습니다. 지금은 완전히 다 변했지요.

테시오   그래도 어떤 부분들은 남아 있겠지요.

레비   그렇습니다. 어떤 부분들은 남아 있어요. 풍경은 그대로 남아 있어요.

테시오   그렇기는 해도 "맞아, 이건 정말 내가 기억하는 그대로야!" 라고 말할 만한 게 있습니까?

레비   바르도네키아 산들이죠.

테시오   거리와 길모퉁이같이 특별한 장소들은요?

레비   별로 자주 찾아가보지 않았습니다.

발디수사 서쪽에 위치한 바르도네키아 읍

테시오　향수를 느끼지 않으시나요?

레비　아니요.

테시오　그런 시골은 어떻게 선택하게 된 겁니까?

레비　휴가지는 철도를 고려해서 선택되었어요. 아버지는 토리노의 무더위를 견디지 못해서 매일 저녁 퇴근하고 갈 수 있는 곳을 찾았지요. 철로가 토레펠리체, 바르도네키아, 발디수사로 지나갔기 때문에 그런 장소를 선택하게 되었죠.

테시오　베네데토 크로체Benedetto Croce. 철학자, 역사학자, 정치가가 메아나에서 머물렀던 생각이 나서 여쭤봤습니다…….

레비　모두에게 철도는 편리했습니다. 수사에는 역이 없었는데 메아나에는 역이 있었지요.

테시오　자동차가 없었으니까요.

레비　사실 아무리 부유하다 해도 자가용을 타고 오는 집은 없었습니다. 아직 자동차가 달릴 기반 시설이 마련되지 않았고 차고나 주유소도 없었습니다. 자동차를 소유하려면 굉장히 대담해야 했고 운전기사도 고용해야 했습니다.

테시오 다른 아이들과 놀기도 했습니까? 집에서는 누구와 놀았습니까?

레비 제 여동생이 제일 중요한 친구였지요.

테시오 나이 차이가 어떻게 되나요?

레비 1년 6개월입니다.

테시오 동생 이름은?

레비 안나 마리아예요.

테시오 1년 6개월 차이면 같이 놀기에 딱 좋은데요. 안 그렇습니까?

레비 아주 좋지요. 우리는 아주 친밀하게 유년기를 함께 보내서 어마어마한 기억을 공유한 공동체와 같습니다. 우리가 했던 말과 행동, 만났던 사람들에 대해 서로 기억을 떠올리곤 합니다. 결코 중단되지 않는 친밀한 관계지요.

> "저는 그 기억들을 다 낭비했고
> 거의 전부를 분명하게 표현했습니다"

테시오   풍요로운 기억들을 주목해야 할 것 같습니다.

레비   풍요로운 기억들이죠, 맞습니다. 하지만 이제 저는 그 기억
          들을 다 낭비했고 거의 전부를 분명하게 표현했습니다. 이
          제 아무것도 남지 않은 것이나 다름없어요.

테시오   제가 보기에는 그렇지 않은데요.

레비   제가 보기에는 이미 말할 수 있는 건 모두 다 말한 기분입니
          다. 하지만 몇 가지 일, 몇 가지 일화를 더 말해야겠어요. 나
          는 항상 감기를 달고 살던 비실거리는 아이였어요. 늘 목이
          아프거나 배가 아프거나 아니면 둘 다여서 부모님은 중학교
          1학년을 집에서 공부시키기로 결정하셨지요. 지노 지니Zino
          Zini●의 딸인 마리사 지니가 제게 문학을 가르쳤고 수학은
          초등학교 때 선생님에게 배웠죠. 유쾌한 분이었죠…….

테시오   그 이야기를 해보도록 하지요. 초등학교 때 일도 전부 말입
          니다.

레비　　초등학교 때! 저는 학급에서 영원한 2등이었습니다.

테시오　　원래대로 여섯 살에 초등학교에 입학하셨죠?

레비　　맞습니다, 여섯 살에요.

테시오　　이유는 모르겠는데 많은 사람이 당신이 1년 일찍 입학했다고 굳게 믿고 있었습니다.

레비　　아닙니다. 건강상의 이유 때문이었어요. 병약했다고 말하고 싶진 않지만 항상 병을 하나씩 달고 살았습니다. 체격도 왜소했고요. 나보다 어린 내 동생이 나보다 훨씬 컸으니까요.

테시오　　그러니까 동생은 별문제가 없었군요.

● 실증주의적 성향의 윤리학자로 사회주의에 경도됐다. 1906년과 1919년 사이에 사회주의자로 토리노 시의회 의원이 되었다. 다윈주의, 마르크스주의, 범죄인류학에 몰두했다. 시도 써서 1926년 『시와 진실Poesia e verità』이라는 책을 출간했다. 토리노 대학교에서 윤리학 강사로 강의했다. 〈가제타델포폴로Gazzetta del Popolo〉〈라스탐파〉〈아반티Avanti!〉지와 그람시의 〈오르디네 누오보Ordine Nuovo〉에 기고했다. 1934-1935학년도까지 다첼리오 고등학교에서 역사와 철학을 가르쳤다. 여기서 언급된 마리아 루이사(마리사) 지니 역시 다첼리오 중학교에서 1930년 10월 31일부터 문학을 가르쳤다.

레비   맞습니다, 별문제가 없었어요. 학교 교과과정이 지루했던 기억이 나요. 내가 이미 다 아는 걸 가르쳤으니까요.

테시오   어느 초등학교를 다니셨나요?

레비   마세나가街에 있는 리뇬 초등학교입니다.

테시오   5년 내내 같은 학교를 다니셨나요?

레비   4년이었습니다. 제가 5학년은 월반했거든요.

테시오   담임선생님은 같은 분이셨나요?

레비   아니요. 따분하고 멍청한 남자 교사가 담임이었던 적도 있습니다.

테시오   그분 이름 기억나세요?

레비   아니요, 기억나지 않습니다.

테시오   젊은 분이었나요, 늙었나요?

레비 　제 눈엔 굉장히 늙어 보였습니다. 아마 쉰 살은 되었을 겁니다.

테시오 　어떤 이유로 멍청하고 따분하다고 생각하신 겁니까?

레비 　구체적인 이유가 있었지요. 지금도 선명하게 기억나는데, 제가 질문을 하나 했습니다. 튼튼한 남자가 돌을 수평으로 던질 수 있는지 질문을 했는데 선생님이 그렇다고 대답하더니 칠판에 직선을 하나 그렸어요. 그러더니 마지막에 이렇게 말했어요. "그러나 날아가다가 떨어진다." 거짓말이니까요. 직선으로 던질 수 없어요. 이 세상에 그 어떤 힘센 남자도 돌을 수평으로 던질 수는 없습니다. 전 그렇다는 걸 잘 알고 있었고 그래서 선생님을 시험해본 거였죠.

테시오 　선생님에게 도발을 한 거군요.

레비 　맞습니다, 도발을 했지요. 그렇지만 다른 일은 기억이 안 납니다. 수업이 다 따분했다는 기억밖에는.

테시오 　호감과 반감을 표시하셨나요?

레비 　담임이던 에밀리아 글라우다 선생님을 정말 좋아했습니다.

돌아가신 지 그리 오래되지 않았어요. 연세가 굉장히 많았는데 천사 같은 분이셨죠. 항상 발목까지 닿는 긴 치마를 입었습니다.

테시오　그러면 당신이 작가로서 명성을 얻은 걸 보셨겠군요.

레비　그럼요, 그럼요. 놀랄 만큼 멋진 손 글씨로 편지를 보내셨는걸요.

테시오　조금 더 이야기해주시겠습니까?

레비　이루 말할 수 없게 다정다감하고 화를 잘 안 내는 분이었다는 것, 『사랑의 학교』에 나올 법한 선생님이었다는 것, 교사라는 자신의 사명에 몸을 바친 분이라는 것 말고 더 할 말이 없습니다. 평생 독신으로 지내셨어요.

테시오　그 당시 젊으셨나요?

레비　아마 서른다섯 살이셨을 겁니다.

테시오　초등학교 때 성적은?

레비   아까 말했듯이 반에서 2등이었습니다. 항상 좋은 점수를 받았지요.

테시오   1등은 누구였나요? 기억나십니까?

레비   그럼요. 알도 콘티였어요. 몇 년 전에 다시 만났습니다. 착하고 아주 똑똑하고 아는 게 많은 아이였어요.

테시오   4년 내내 2등이었습니까?

레비   예, 4년 내내.

테시오   영원한 2등이네요.

레비   그렇지요. 그렇다고 1등이 되려고 노력한 건 아닙니다.

테시오   2등이라는 것에 어떻게 반응했습니까? 그에 대한 기억은 어떻습니까?

레비   지루했다는 기억밖에 없습니다.

테시오   성적표들을 보관하고 계실 것 같은데요.

레비   아니요, 하나도 보관하지 않았습니다. 다시 제출했던 것 같
군요. 성적표에는 점수가 아니라 "최우수" "보통" 같은 평
가가 적혀 있었어요. 내 점수는 최우수와 우수 사이를 오갔
지요.

테시오   특히 좋아했던 과목은?

레비   잘 기억이 나지 않는군요…….

"저는 역사를 진짜 싫어했습니다.
지금까지도 역사에 무지합니다"

테시오   역사 아니었나요?

레비   아니요, 저는 역사를 진짜 싫어했습니다. 안타깝게도 그 뒤
로 계속 싫어해서 지금까지도 역사에 무지합니다. 지리에
는 약간 흥미가 있었어요. 1학년 때인지 2학년 때인지 한
가지 일화가 있었는데 펜시에리노pensierino. '작은 생각'이라는 뜻
으로 이탈리아 초등학교에서 하는 작문 연습을 가리킨다. 한 가지 주제를 가지고
제한된 분량으로 짧게 글을 쓰는 연습을 한다와 관련된 거였지요…….
아마 2학년 때일 겁니다. 그래요. 태양에 관해 여섯 개의 펜
시에리노를 쓰라고 했어요. 나는 여섯 개의 펜시에리노를

한 개로 압축해서 썼어요. "태양은 밝게 비추고 따뜻하게 해주며, 하늘에서 제일 눈부시게 빛나는 별이다." 그리고 또 뭐라 썼는지 기억이 잘 나지 않아요. 선생님은 펜시에리노는 문장을 의미하므로 제가 딱 한 문장만 쓴 거라고 지적했지요. 저는 다시 다섯 개의 펜시에리노를 더 쓰라는 벌을 받았는데 정말 어려웠답니다.

테시오   경제적인 언어였는데…….

레비   쉼표 찍는 게 어려웠던 생각도 납니다. 저는 책에 인쇄되어 있는 대로 쉼표를 찍으려고 했거든요. 그러니까 꼬리가 달린 점 모양으로 말이지요. 책의 모양 그대로 그리려고 애쓰다 보니 쉼표가 어마어마하게 커졌어요. 저는 이미 읽기 시작했기 때문에 학교에 가게 되었을 때에는 벌써 다 읽을 줄 알았죠.

테시오   그 때문에 따분했을 수 있겠군요…….

레비   맞습니다. 저는 아버지 어머니가 가르쳐줘서 이미 읽을 줄 알았습니다. 저는 제가 배운 걸 전부 동생에게 열심히 가르쳤지만 결과는 별로였습니다. 동생은 관심이 없었어요. 그 애에게는 글을 읽는 게 하나도 대수롭지 않았으니까요. 동생은 저보다 훨씬 운동을 좋아했고 저보다 활발했습니다. 제 설명을 들으며 따분해했지요. 제 말을 전혀 듣지 않았고 제 말을 흉내 냈어요.

테시오   동생은 그 후 어떻게 됐나요?

레비   동생도 중학교와 고등학교를 다녔습니다. 하지만 인종법 때문에 고등학교를 다니다가 중단했어요. 유대인 고등학교를 마치고 전쟁이 끝난 뒤 문학과 예술사를 전공해 대학을 졸업했습니다.

테시오   그 후에 학생들을 가르쳤나요?

레비   아니요, 학생들을 가르친 적 없습니다. 올리베티사에 취직을 했고 그곳에서 차근차근 경력을 쌓았습니다.

테시오   당신 집에서 일하던 분 이야기로 잠깐 돌아가고 싶은데요. 다른 이야기를 하느라 지나쳤군요. 유쾌한 분이었다고 하셨지요.

레비   신앙심이 깊은 여인이었습니다. 1년인가 2년 동안 우린 같은 방에서 잤어요.

테시오   이름 기억하십니까?

레비   실비아 메네겔리였습니다.

테시오   토리노 출신인가요?

레비   아니요, 피오렌추올라다르다에밀리아로마냐주 피아첸차 지방의 도시 출신입니다. 실비아는 성녀 리타에 대한 신앙심이 정말 깊었어요. 뿐만 아니라 성녀 리타의 교회를 짓는 데 힘을 보탰습니다. 얼마 안 되지만 교회 건축에 헌금을 냈습니다. 그리고 밤이면 기도를 했어요. 무릎을 꿇고 기도를 했습니다.

테시오   당신 집에 오래 있었나요?

레비   제 기억으로는 1924년부터 1934년까지니까 적어도 10년은 있었지요.

테시오   실비아 말고 집안일을 하던 다른 가정부들이 있었나요?

레비   아버지가 병에 걸리셨어요. 암이어서 수술을 받아야만 했고 그 뒤에 간병인을 고용해야만 했습니다. 그래서 실비아 메네겔리를 해고했습니다. 우리는 잡다한 집안일을 해주는 다른 가정부를 구했습니다. 그분은 본인이 할 수 있을 때까지 우리 집에서 일을 했습니다.

테시오   어쨌든 그녀가 메네겔리의 일을 대신하지는 않았지요.

레비   새 가정부는 베네토 출신으로 활력이 넘쳤습니다.

테시오   메네겔리는 나이가 많았나요, 젊었나요?

레비   제 눈에는 할머니 같았어요. 아마 쉰다섯에서 예순 사이였을 겁니다.

테시오   다음에 온 가정부는 더 젊었나요?

레비   예, 훨씬 젊었어요.

테시오   초등학교 때 이야기를 다시 조금만 더 할까요? 한 학급에 학생 수가 아주 많았던 것 같던데요.

레비   35명이었습니다.

테시오   아까 역사를 아주 싫어했다고 하셨지요. 그럼 산수는 어뗐습니까?

레비   아주 좋아했습니다. 저는 혼자 놀이를 하곤 했어요. 아무리 긴 숫자라도 그것의 역수를 빼면 9의 배수가 된다는 걸 발견했습니다. 하지만 이유를 증명하려 애쓰지는 않았어요.

테시오   본능적으로 그걸 발견했다는 말씀이세요?

레비   놀이를 하다가 알게 된 겁니다.

테시오   숫자 놀이를 하셨나요?

레비   그래요.

테시오   그럼 자연과학은 어땠습니까?

레비   수업이 줄어서 자연과학은 배우지 않았습니다. 저는 흥미가 있었지만 학교에서 가르치지 않았어요.

테시오   당신은 속으로 뭔가 조숙한 면이 있다고 직감하셨나요, 아니면 다른 어린이들과 같다고 생각했나요?

레비   직감하지 못했습니다. 저는 제일 연약했고 제일 작았어요. 성적은 만년 2등이었지만 키가 작은 걸로는 1등이었어요. 그래서 체육 시간에 맨 앞줄에 섰는데 이게 굴욕적이었어요.

테시오   그래도 유대인이라는 것으로 차별을 당하지는 않았다고 하셨지요.

레비   못 느꼈습니다. 내 기억으로는 그와 관련된 일화가 하나도 없어요.

테시오   반면 신체와 관련된 차별은 느끼셨군요.

레비   그렇습니다. 그 문제로 오래 힘들었어요.

테시오   당신이 직접 그렇게 느끼신 겁니까, 아니면 누군가 그걸로 기분을 나쁘게 한 기억이 있으신가요?

레비   중학교 때는 있었고 초등학교 때는 아니었어요. 초등학교 때는 가난한 아이들이 있었으니까요. 구루병 학생도 있었고 가난한 학생들도 있었어요. 중학교에서는 기분 나쁘게 한 아이들이 있었습니다. 왜소한 체격 때문에 저는 몹시 스트레스를 받았어요.

테시오   숫자로 놀이를 했다고 조금 전에 말씀하셨습니다. 단어를 가지고도 놀았습니까?

레비   그렇습니다.

테시오   책 이야기를 해보겠습니다. 특별히 기억나는 이야기나 신문 기사, 만화 같은 게 있을까요?

레비   당시에는 만화가 없었습니다. 〈코리에레데이피콜리Corriere dei Piccoli〉일간지 〈코리에레델라세라Corriere della Sera〉에 딸린 어린이 주간지. 따로 구입도 가능했다가 있었는데 거의 의무적으로 이것을 읽었습니다. 집집마다 이 신문을 구독했으니까요. 저는 재미있어서 첫 장부터 끝까지 다 읽었습니다. 초등학교 이야기를 하자면 저는 5학년을 월반하려고 상당히 노력을 했습니다. 그게 제게는 행운이었습니다. 만약 월반하지 않았다면 인종법 때문에 학교를 다 마치지 못했을지도 모릅니다.

테시오   지루했다거나 다른 이유가 있어서 월반을 한 건 아닙니까?

레비   아닙니다. 월반을 결정한 건 아버지와 어머니였습니다.

테시오   그러니까 리논 초등학교에서 특별 학생으로 시험을 보고

어린이 주간지 〈코리에레데이피콜리〉

중학교로 진학한 겁니까?

레비 맞습니다. 다첼리오 중학교지요. 하지만 아까 말했듯이 중학교 1학년은 집에서 공부를 했습니다.

테시오 알겠습니다. 마리사 지니에게 수업을 받았다고 하셨습니다. 그런데 중학교 이야기를 하면 다른 영역으로 들어가게 됩니다. 어린 시절 얘기와 그때 읽었던 책 이야기를 조금 더 해보도록 하지요. 예를 들면 『사랑의 학교』는 읽으셨습니까?

레비 『사랑의 학교』는 상으로 받았습니다. 몇 학년 때였는지는 잘 기억나지 않지만 우수상으로 선물 받았어요. 크게 인상적이지도 않았고 감동도 받지 않았습니다. 그 내용을 별로 믿지 않았고 특별히 흥미를 느끼지도 못했습니다.

"전 아주 감수성이 풍부한 아이였습니다.
해골이 있는 책을 보면 몸이 아플 정도였습니다"

테시오 당신은 쉽게 감동을 받는 어린이였나요, 아니면 그 반대인가요?

레비	전 아주 감수성이 풍부한 아이였습니다. 노빌레의 비행선이 북극에 추락한 신문 기사를 읽고 엉엉 울었던 기억이 납니다. 잠수함이 바다에 가라앉았는데 그 안의 사람들은 살아 있어서 벽을 두드렸다는 기사였습니다. 결국 그들을 구조하지 못했지요. 이 기사가 몹시 충격적이어서 저절로 눈물이 났습니다. 전 해골을 굉장히 무서워했어요. 해골이 있는 책을 보면 몸이 아플 정도였습니다.
테시오	어린 시절에 읽었던 다른 책들도 기억나십니까?
레비	제목들은 생각이 납니다. 『플리크, 서커스단에서 보낸 세 달Flik, o tre mesi in un circo』이 기억나네요. 초등학교에 가기 전에 읽은 책입니다. 『피노키오』도 재미있게 읽었습니다.
테시오	책을 많이 읽으셨습니까?
레비	항상 읽었습니다. 아버지가 사다 준 책이 늘 집에 있었으니까요.
테시오	조금 뒤로 돌아가보겠습니다. 당신은 이 집에서 태어났다고 했지요.

레비　　흥미로운 기억이 하나 있는데 아마 제 동생이 태어났을 때일 겁니다. 그러니까 제가 한 살 반 정도 되었겠지요. 굉장히 어수선했던 기억과 누군가 저를 안고 태피스트리 앞에서 저를 높이 들었다 내렸다 해서 태피스트리가 움직였던 것 같은 기억이 납니다. 어머니는 아픈 게 아니었는데 제 기억에 침대에 누워 계셨다면 아마 출산 때문이지 않았나 싶어요.

테시오　그렇게 친척이 많았으니 당신 집에서 친척들이 모이거나 자주 만나곤 했을 텐데요.

레비　　그렇습니다. 대가족이었어요. 이모들과 외삼촌들을 자주 만났습니다. 그분들이 우리를 만나러 집에 오기도 하고 우리가 외갓집에 가기도 했습니다. 외조부 집에서 외사촌들이 일요일마다 습관처럼 만났습니다. 손자들은 여럿이었는데 점차 그 수가 늘어서 열한 명까지 되었습니다. 영화 일을 하던 그 외삼촌이 어떤 지역에서 영화관을 열 준비를 했지요. 어딘지 지금도 모르겠는데, 외삼촌은 세를 얻은 영화관 복도에서 우리에게 영화를 보여줬답니다. 그러고 나서 우리 집까지 자동차로, 어떨 때는 마차로 데려다주었습니다. 그렇지만 1킬로미터도 채 떨어지지 않은 곳이어서 크게 여행이라고 말할 정도는 아니었어요.

테시오 그런 일들이 전부 포Po가에서 일어난 건 아니지요?

레비 아닙니다. 포가에는 친조부의 집이 있었어요. 외조부는 비토리오 대로와 레움베르토 대로가 만나는 곳에 사셨습니다. 외갓집에서는 우리를 자동차로 집까지 데려다주었는데 항상 사촌들끼리 싸웠어요. 우리는 언제나 제일 마지막에 내려주는 걸 좋아했으니까요. 그래야 좀 더 오래 자동차를 탈 수 있잖아요.

테시오 당신 집은 부친께서 구입하셨습니까?

레비 아버지 집이 아니었습니다. 어머니가 결혼할 때 가져온 것이지요. 결혼 선물입니다. 어머니의 지참금이었어요.

테시오 당시에는 그 근방이 전부 들판이었지요?

레비 맞습니다. 거의 들판이었어요. 근처에 리논 마을이 있었습니다. 희미하게 기억나는데, 마우리치아노 병원 조금 너머까지 기차를 보러 가곤 했습니다. 철도 건널목이 있었지요.

테시오 어떤 종류의 기억을 가지고 있다고 생각합니까? 시각? 청각?

레비 　특별히 정의할 수 없는 기억입니다. 눈으로 본 것을 기억할 때도 있고 내가 들은 말, 누군가 한 말이 기억나기도 합니다. 유모가, 아이 보던 여인이 했던 말이 생각납니다. "미나리아재비 만지면 손톱 빠진다." 그리고 감자는 우리 등을 아프게 한다고 했어요. 왜 그런지 아십니까? 말장난이랍니다. 감자를 캐려면 등을 구부려야 하니까 등이 아프게 되는 거지요.

테시오 　또 다른 기억들이 있습니까?

레비 　당신이 흥미 있을지 모르지만 중학교 때의 기억이 있습니다.

테시오 　당연히 흥미롭지요.

레비 　제가 열 살에서 열한 살 때 일입니다. 저는 우표 수집을 했고, 반 친구들도 몇 명 있었습니다.

테시오 　집에서 혼자 공부를 하고 난 뒤 중학교에 들어간 거군요.

레비 　그렇습니다. 1학년 때 담임선생님이 있었어요. 1학년을 다니지 않았으니까 2, 3학년 담임선생님이라고 해야겠지요. 똑똑한 분이었지만 악의가 있었죠.

테시오   우리가 예전 중학교 때, 다시 말해 현재의 중학생 나이와
         일치하던 때의 이야기를 하는 거죠?

레비   당시에는 중학교와 고등학교 과정이 합쳐져 있었습니다. 독일
         김나지움에 해당하는 학교를 당시 이탈리아에서 '진나시오ginnasio'라고 했고 '진나
         시오 저학년' '진나시오 고학년'으로 구분했다. 이 책에서는 저학년을 '중학교'로, 고
         학년을 '고등학교'로 옮겼다. 중학교 2년, 고등학교 3년이었습니다.

"이 교실에
'이곳에서 프리모 레비가 공부했다'라는
명판이 붙을 거야"

테시오   그러니까 지금은 중학교 때 이야기를 하는 중이군요.

레비   그렇습니다. 그 선생님은 아주 똑똑한 분이었어요. 악의적
         인 게 아니라 심술궂었다고 해야겠네요. 아주 젊은 여교사
         였는데 계속 저를 주시했습니다. 중학교에서 제 성적이 좋
         았고 이번에는 상당 기간 독보적인 1등이어서 선생님이 제
         게 이런 말을 했던 게 생각납니다. "이 교실에 '이곳에서 프
         리모 레비가 공부했다'라는 명판이 붙을 거야." 이상하게
         인상적인 말이었습니다.

테시오　　그 선생님 이름은?

레비　　마리아 보르고뇨입니다.

테시오　　누군지 알겠습니다. 안나 보르고뇨Anna Borgogno지요.

레비　　아마 안나가 맞을 겁니다…….

테시오　　로마에 거주하고 『잃어버린 도시La città perduta』라는 소설을 썼지요. 저도 그에 관한 평론을 썼습니다. 작가인 비토리오 악티스Vittorio Actis(아밀카레 솔페리니Amilcare Solferini)의 조카지요. 소설에서 어린 시절과 파시즘 시기, 체제에 순응하지 않고 민주적인 교사로서 살면서 겪어야 했던 어려움들을 이야기합니다.

레비　　맞습니다. 파시스트는 아니었어요. 어쨌든 제게서 눈을 떼지 않았습니다. 무슨 이유에서인지는 모르겠지만 일부러 제일 공부를 못하는 애 옆에 저를 앉혔습니다.

테시오　　소설로 추측하건대 분명 감상주의에 젖은 여자는 아니었죠.

레비　　『이것이 인간인가』가 출간된 뒤 편지를 받았습니다. 제가 작문 시간에 글씨를 깨알같이 써서 무슨 글자인지 알아보기 힘들었던 자신의 제자인 그 프리모 레비가 맞는지 묻는 편지였습니다. 그래서 제가 바로 그 프리모 레비라고 답장을 했습니다. 선생님에게 받은 편지를 잃어버린 것 같습니다.

테시오   어쨌든 보르고뇨가 로마로 이주를 했군요.

레비   그렇습니다. 로마에 살았고 어딘지는 모르지만 어느 도서관에서 사서로 일했습니다. 아마 안나 보르고뇨가 맞을 겁니다…….

테시오   맞습니다, 안나 보르고뇨입니다.

레비   무슨 일이 생기는지 보려고 저를 반에서 제일 공부를 못하는 학생 옆에 앉힌 겁니다. 선생님은 그런 실험을 좋아했어요. 그러다가 남학생 여학생 합반이 되자 저를 여학생 옆에 앉히고 무슨 일이 일어나는지 관찰했습니다. 그런 실험들을 쭉 한 겁니다…….

테시오   그래, 무슨 일이 일어났습니까?

레비   아무 일도 일어나지 않았어요. 저는 극도로 소심하고 내성적이어서 얼굴을 붉히곤 했습니다. 또렷하게 생각나는 일이 하나 있습니다……. 탐욕에 대해서, 탐욕스러운 누군가에 대해서 이야기하던 중이었지요. 교실 뒤쪽에서 누가 말했습니다. "간단히 말해 유대인이 그렇습니다." 그러자 보르고뇨 선생님이 몹시 분노하며 그 학생에게 말했어요. "그렇게 말하면 안 된다."

테시오　무슨 과목을 가르쳤습니까?

레비　이탈리아어, 라틴어, 역사와 지리를 가르쳤습니다.

테시오　다른 선생님들은?

레비　수학 선생님은 지루하기 짝이 없었습니다. 교수법을 몰랐고 수학도 잘하지 못했어요. 저는 라틴어를 잘했어요. 라틴어를 참 좋아했습니다. 저는 '그라마티쿠스문법가라는 뜻의 라틴어'여서 라틴어 문법에 관심이 많았어요. 당시에 벌써 이탈리아 단어의 어원에 흥미를 느꼈습니다. 어원학 사전을 선물로 받았지요. 그런데 저는 상상력을 발휘하는 글, 그러니까 창의적인 글을 쓸 때에는 작문을 잘했지만 논평의 글, 다시 말해 시에 대한 평을 써야 하면 작문이 엉망이었습니다. 전시에 전혀 관심이 없었습니다. 종종 카르두치와 파스콜리의 시가 머리에서 함께 달라붙어 있었어요. 머릿속에 새겨져 잊히지 않았지만 좋아하지는 않았습니다.

테시오 반면 창의적인 글은……

레비 아주 잘 썼습니다. 재미있는 글들을 썼지요.

테시오 당시 쓴 글을 보관하고 계십니까?

레비 하나도 없습니다.

테시오 가지고 계신 사진이 좀 있습니까?

레비 몇 장 되지 않습니다. 꼭 하고 싶은 말은…… 음, 그래요, 아주 인상 깊게 읽었던 책 한 권이 생각나네요. 제롬Jerome K. Jerome. 영국 소설가·극작가의 『빈둥거리는 세 남자』랍니다. 『보트 위의 세 남자』도 읽었군요. 그래서 글을 쓸 때 저도 모르게 제롬 흉내를 내보려고 했어요.

테시오 유머를 흉내 냈군요……

레비 그래요. 저도 모르게 제롬 흉내를 내보려고 했답니다.

테시오   성공했습니까?

레비   뭐, 그렇다고 할 수 있습니다. 당시 중학교에서 작문을 10
        점 받았으니까요. 반면 고등학교에서는 만초니와 아리오스
        토를 주제로 글을 써야 했는데 그건 제 분야가 아니었어요.

테시오   선생님들 이야기로 다시 돌아가면, 수학 선생님 성함 기억
        하십니까?

레비   예. 판돌피입니다.

테시오   이름인가요?

레비   아닙니다.

테시오   보르고뇨에 대한 다른 이야기는 없었나요?•

        • 당시 32세였던 안나 보르고뇨는 2학년과 3학년 문학을 가르쳤다. 그녀의
        성격은, 소설로 변형되기는 했으나, 1981년 판Pan 출판사에서 출간된 소설
        『잃어버린 도시』에 잘 표현되어 있다. 로마로 이주해 사서로 근무했지만 자
        신의 소설에서 독립적이고 반순응주의적인 지성의 의미를 깊이 실천하면서
        자부심을 가지고 엄격하게 살던 시대를 그리고 있다.

레비   저보다 성숙했던 친구들은 보르고뇨에 대해 신랄하게 말하
        곤 했습니다. 그녀는 은근히 비꼬듯 말했는데 솔직한 사람
        으로 보이고 싶어 했지만 뜻대로 되지는 않았습니다. 물론
        아주 똑똑한 여성이었지요.

테시오   문학, 수학, 그리스어는 아직 배우지 않았지요. 체육은 어땠
        습니까?

레비   당시 체육은 파시즘의 전유물이었습니다.

테시오   그래도 학교 수업에 포함되었지요.

레비   그렇습니다. 체육 교사는 파시스트였지만 이미 너무 늙은
        초라한 악마였어요. 본인이 운동을 할 줄도 몰랐습니다. 행
        진과 달리기와 뛰어오르기를 시켰어요. 전 허약했지만 꽤
        날렵했습니다.

테시오   다른 과목은요? 미술은?

레비   미술 수업은 없었습니다. 기하학과 도형 그리기가 있었지
        요. 전 그림 그리기를 배운 적이 없습니다.

테시오   중학교 성적표도 없습니까?

레비   없습니다. 하나도 없습니다.

"알다시피 중간에 전쟁이 있었지요.
얼마나 많은 것들이 사라졌는지 누가 알겠습니까?"

테시오   당신은 예전에 쓰던 물건을 잘 보관하는 유형은 아닙니까?

레비   아닙니다. 그런데 무엇보다, 당신도 알다시피 중간에 전쟁
이 있었지요. 얼마나 많은 것들이 사라졌는지 누가 알겠습
니까?

테시오   당신 가족들이 모두 몸을 숨겨야만 했기 때문이기도 하겠
지요.

레비   저는 수용소에 있었고 어머니는 피신을 해야만 했습니다.
어머니는 기독교인 친구들 집 여러 곳에 어머니 물건들을
맡겨놔야 했어요. 맡아놨던 물건들을 어머니에게 돌려준
분도 있고 돌려주지 않은 분들도 있습니다. 책들은 워낙 많
은 곳으로 뿔뿔이 흩어져서…….

테시오　　어린 시절 읽었던 책이 없는 이유가 거기 있었군요.

레비　　　불과 몇 권밖에 되찾지 못했습니다.

테시오　　일부는 가지고 계십니까?

레비　　　일부는 아직 가지고 있습니다. 스무 권가량을 보관하고 있습니다. 저기 맨 위쪽, 왼쪽 책장의 윗부분을 보십시오. 다시 제본한 책들이 한 줄로 꽂혀 있습니다. 아버지 책들이 있던 곳인데 다 어디로 갔는지 모릅니다.

테시오　　부친께서 읽었던 책들만 전부 해도 도서관 하나는 되었을 텐데요.

레비　　　맞습니다. 훌륭한 도서관이 됐을 겁니다.

테시오　　얼마나 소실되었습니까?

레비　　　10분의 9가 없어졌습니다.

테시오　　책이 그렇게 소실되어 안타깝지 않으십니까?

레비　　　글쎄요. 남은 책들도 다 제본이 떨어지고 비에 젖었어요. 그 책들은 기억이고 유물입니다.

테시오　중학교 친구들 가운데 기억나는 사람 있습니까?

레비　　　페르난다 피바노Fernanda Pivano. 작가, 저널리스트라는 친구가 생각납니다.

테시오　같이 어울리던 친구들이 있었습니까?

레비　　　페르난다 피바노와는 아닙니다. 그녀는 상당히 거만했고 저보다 나이가 많았으니까요.

테시오　피바노가 잘난 체를 했습니까?

레비　　　잘난 체를 한 것만이 아니었어요. 그녀는 말하자면 이미 성숙했는데 저는 아니었습니다. 중학교와 고등학교 4년 동안, 그러니까 5년에서 1년을 빼서 4년인데 같은 반이었습니다. 아니요, 우리는 한 번도 피바노와 마음을 터놓은 적이 없습니다. 다른 친구들과는 다 헤어졌어요. 가끔 몇몇 친구들을 만납니다.

테시오　마음을 터놓고 잘 지내는, 좀 더 많은 시간을 함께 보내고 오후를 함께 보내는 친구가 한 명도 없었던 겁니까?

레비　그런 친구가 있었지요, 물론. 그 친구 이야기는 나중에 다시 하게 될 겁니다. 불행한 운명을 맞은 친구니까요. 중학교 시절로 거슬러 올라가 보면, 그 친구 교실은 우리 교실과 나란히 있었습니다. 그 친구도 유대인이었지요. 우리는 아주 친했고 여러 가지 일을 함께했습니다. 지금은 정신에 병이 들었어요. 정말 슬픈 일입니다.

테시오　여가 시간은 어떻게 보내셨습니까? 그때 벌써 산에 가셨나요?

레비　당시 산에 가는 일은 가족 행사였어요. 중학교 때는 가족 행사였지요. 그러니까 가족 모두가 산에 갔습니다. 아버지는 안 가셨고요.

테시오　부친은 저녁에 오셨을지…….

레비　아버지는 오시지 않았어요. 아버지는 걷는 걸 안 좋아하셨지만 어머니는 우리를 걷게 했어요. 어머니는 산을 좋아하셨지요. 짧은 소풍이었어요. 토레펠리체 근처 안그로냐 계곡에서 물놀이를 하고 들판으로 소풍을 갔죠. 어머니는 식물들을 알아내는 특별한 재능을 타고났어요. 우리에게, 특히 제 동생에게 식물 이름을 다 알려주셨죠. 저는 동생하고 놀랄 만큼 가까웠어요. 저는 개미들을 가지고 장난을 치곤 했답니다. 그러니까 개미를 절대 죽이지 않은 채, 개미가 어떻게 곤경을 헤쳐 나가는지를 보려고 했답니다. 장애물들을 만들었어요. 먼저 종이에 구멍을 뚫고 개미를 덮었죠. 개미는 어쩔 수 없이 구멍으로 나와 종이 위로 올라와야만 했어요. 그러면 저는 잔나뭇가지로 종이를 대야에 띄웠죠. 개미가 가지를 찾을 수 있는지 보려고 말입니다. 또 올챙이들을 키웠는데, 그 이야기를 하면…….

테시오   작은 실험들을 하셨군요. 실험 방법을 적용하셨고요.

레비   아닙니다. 하지만 일찌감치 다윈을 읽었습니다. 언제인지는 정확히 말씀드리지 못하겠군요. 그때 읽은 책을 아직 가지고 있습니다. 아마 열다섯 살이나 열여섯 살 때 읽었을 겁니다.

테시오   그런 식으로 해서 자연선택이 어떻게 이뤄지는지를 관찰하신 거군요.

레비   그렇습니다. 굉장히 인상 깊었거든요. 특히 논리의 힘이요.

테시오 그런데 이렇게 이야기하다 보니 벌써 고등학교 이야기를 하게 되었습니다.

레비   그렇군요.

테시오 그러면 피바노를 다시 만나신 적 있습니까?

레비   네, 딱 한 번이요. 그녀가 주관하는 학회에 갔을 때입니다. 그녀에게 제가 누구라고 말했지요. 최근에 그녀가 제게 안부 인사를 보내왔습니다.

테시오 피바노가 소설을 썼지요.

레비   맞습니다. 소설을 썼지만 전 읽지 않았어요.

테시오 다시 선생님들 이야기를 해보지요. 중학교에서 계속 같은 선생님들에게 수업을 받았습니까?

레비   보르고뇨 선생님은 중학교에서 2년 동안 수업을 했습니다. 그리고 고등학교에서 몹시 비호감인 교사가 한 사람 있었

알프스 라투르네트La Tournette에서(1983)

습니다. 타베르나 선생이었는데 이름은 기억이 나지 않습니다. 굉장히 엄했고 잘 가르치지 못했습니다. 게다가 학생들을 사랑하지도 않았어요. 몹시 엄격했는데 그 선생에 대해서는 나쁜 기억밖에 없습니다. 학교 친구들과 함께 그 선생의 무관심과 가혹함을 벌주려고 제일 잔인한 고문 방법을 궁리했던 기억이 납니다. 타베르나 선생은 이탈리아어와 라틴어, 그리스 역사와 지리를 가르쳤습니다.

테시오   중학교에서 고등학교로 진급하면서 힘들었습니까?

레비   아, 보르고뇨 선생님 문제는 그렇습니다. 보르고뇨 선생님은 여자였고 타베르나는 남자였으니까요. 간단히 말해 약간 어머니의 품을 떠나는 기분이었다고 할까요. 그 뒤 제게 힘든 시기가 시작되었습니다. 학교 친구들이 여자와 성에 흥미를 갖기 시작했는데 저는 전혀 관심이 없었거든요. 저는 그런 면에서 굉장히 늦되었습니다. 저는 저 자신이 몹시 내성적이고 매우 성장이 늦은 사람이라고 생각했습니다. 그래서 스스로 이상한 맹세를 했지요. 다원적으로 말했습니다. 두 가지 경우가 있어. 내가 생식에 적합한 경우와 그렇지 않은 경우지. 적합하지 않다면 아무것도 안 할 테야. 어떤 식으로든 시도를 하고 싶지 않아. 적합하다면 저절로 발전이 되고 저절로 생겨나고 저절로 일어나게 되겠지.

테시오   제가 보기엔 성숙한 추론 같습니다.

레비   그때부터 그 고통의 시기가 시작되어서 아우슈비츠까지 이어졌고 그 뒤에야 사라졌다고 해야겠군요. 그러니까 저는 내성적인 남자로 살았습니다. 그런 삶이 제게는 무시무시하게 고통스러웠습니다. 그 대신 무모할 정도로 과격하게 등산을 하며 산에서 위안을 받아보려 했습니다. 또 격렬한 운동들, 달리기와 자전거 타기 등으로 그 모든 것을 대신해보려 했습니다. 하지만 친구들은 제가 자신들과 다르다는 걸 알아차리고는 저를 비웃었죠.

테시오   친구들이 가진 욕구, 친구들이 느끼는 충동을 전혀 느끼지 않았습니까?

레비   친구들은 오로지 그 이야기뿐이었습니다. 지저분한 농담들만 주고받았지요. 나의 성교육은 지저분한 농담과 프로이트를 통해 이루어졌습니다.

테시오   무슨 말씀이십니까?

레비   아버지는 내게 만체가차Paolo Mantegazza. 이탈리아의 생리학자·인류
        학자·저술가로 다윈 이론을 이탈리아에 처음 소개한 학자 중 한 사람와 프로이
        트 책을 사다 주셨습니다. 도와주거나 마음을 편안하게 해
        주는 데에는 전혀 신경을 쓰지 않은 채 말입니다.

테시오   말하자면 당신은 스스로 알아서 해야 했군요.

레비   그뿐 아니라 아버지는 나를 비웃었습니다. 완전히 다른 삶
        을 살았던 아버지는 이렇게 말하곤 했죠. "기다리고만 있으
        면 여자 친구가 생기냐?"

테시오   공감 능력이 거의 없다는 걸 보이셨군요…….

레비   제 동생은 남자 친구들을 사귀기 시작해서…….

19세 무렵 오르타Orta 호숫가에서

학생 시설(1938년경)

테시오   지난번에 중학교 시절까지 이야기를 했습니다. 이제 고등
         학교 이야기를 해보도록 할까요?

레비   당시 다첼리오 학생이란 사실은 특권이었습니다. 다첼리오
         고등학교는 좋은 학교로 명성이 높았습니다. 뿐만 아니라
         반파시스트 고등학교로 은밀히 알려져 있었습니다. 사실 공
         개적으로 반파시스트였던 교사들을 대거 정리했기 때문에
         내가 다니던 시기에는 그런 교사가 한 사람도 없었습니다.

테시오   몇 년도였습니까?

레비   1934년, 1935년, 1936년입니다.

테시오   당신은 본인들 세대가 스승을 갖지 못한 세대라고 말씀하

셨지요.

레비   선생님들과 직접적인 관계를 갖지 못했다는 말입니다. 좀
더 정확히 말하면 스승들은 있었습니다. 움베르토 코스모
Umberto Cosmo● 같은 분을 예로 들 수 있겠지요. 코스모 선생
님은 다첼리오의 교사였지만 침묵하는 쪽으로 가셨습니다.
그분은 연세가 상당히 많았고 위엄이 있었지만 소심했습
니다. 분명 파시스트들은 그분을 곤경에 빠뜨리고 싶어 했
습니다. 지노 지니에 대한 기억이 있습니다. 당연히 파베세
Cesare Pavese. 이탈리아 시인 · 소설가. 제2차 세계대전 후 공산당에 가입하기도
했다. 1950년 자살했다, 안토니첼리, 몬티Augusto Monti●● 선생님들
에 대한 기억도 있습니다. 하지만 저에게까지 그런 이야기
가 들리지는 않았습니다. 아무도 그 선생님들 이야기를 하
지 않았습니다. 그분들을 아는 사람은 입을 다물었지요.

테시오   나중에 알게 되신 일들이 있습니까?

레비   수군거리는 소리들을 들었지만 저는 이해를 못했습니다. 제
가 반파시스트도 파시스트도 아니었기 때문이기도 합니다.
저는 부르주아였습니다. 부르주아 집안의 부르주아 청소년
이었지요. 아버지는 정치적으로 신중한 입장을 취했습니다.
아버지는 헝가리 혁명을 직접 목격했고 거기서 큰 충격을

받아서 공산주의를, 그리고 전반적으로 혁명을, 개혁을 좋아하지 않게 되었습니다. 그렇지만 파시즘도 못마땅해했습니다. 아버지는 본질적으로 자유주의자였어요. 하지만 아버지는 침묵을 지켰기 때문에 나의 정치적 성향이 형성되는 데 아무런 영향도 미치지 않았습니다.

테시오   그러니까 당신 집에서는 정치에 대해서는 전혀 이야기를 하지 않으셨군요.

● 문학평론가. 토리노 조베르티 고등학교와 다첼리오 고등학교에서 이탈리아어와 라틴어를 가르쳤다. 피에로 고베티와 노르베르토 보비오 같은 제자가 그에게 배웠다. 토리노에서 대학 강사로 이탈리아 문학을 강의했는데 그의 제자 중에 안토니오 그람시가 있다. 그람시와 우정을 이어갔으나 심각한 의견 대립도 있었다.(그람시의 말에 따르면 의견 대립은 기억에 남을 만한 포옹으로 해결되었다.) 처음에는 사회주의자로, 그 후에는 자유진보주의자로 항상 파시즘에 반대해서 체제의 박해를 받았다. 1926년부터 교단에 설 수 없었고 1929년에는 유형 선고를 받았다. 저명한 단테 연구자로『단테의 삶Vita di Dante』(1930), 『최후의 상승—「천국」 읽기 입문L'ultima ascesa—Introduzione alla lettura del "Paradiso"』(1936) 같은 저서들이 있다.
●● 다첼리오 대표 교사. 몬티에 관해서는『나의 학교생활 보고서I miei conti con la scuola』(Einaudi, 1965) 가운데 「저항의 학교 1923-32 Scuola di Resistenza, 1923-32」에 실려 있다. 여기에는 학교에 관한 추억도 포함되어 있다. 이것은 『교사라는 직업Il mestiere di insegnare』(Araba Fenice, 1994)에 재수록되었다. 하지만 지식인이자 교사이자 작가로서의 아우구스토 몬티에 관해서는 조반니 테시오가 쓴『아우구스토 몬티—구시대 남자의 현재성Augusto Monti. Attualità di un uomo all'antica』(L'Arciere, 1980)을 언급하는 게 적절할 듯하다.

레비   하지 않았습니다. 아버지는 검은 셔츠를 입어야 할 때면 욕을 하곤 했습니다. 아버지는 제일 쉬운 길을 택해서 파시스트당에 입당을 했습니다. 그래서 찬반 투표를 하러 가야만 했습니다. 다시 말해 찬성표를 던지러 간 거죠. 당원증이 있었으니까요. 그때 투표라는 게 어떻게 진행되었는지 잘 아시지요……. 그러니까 아버지는 파시즘을 혐오했지만 그렇다고 반파시스트라고 부를 수도 없었습니다.

테시오   부친은 불만을 품고 계셨군요.

레비   그렇지요.

"파시즘 교리에 어떤 '매력'이 있다는 걸
부정하지는 못하겠습니다"

테시오   그러면 당신은 학교에 다녔고…….

레비   저는 교칙에 따라 학교생활을 했습니다. 교칙에 따라 발릴라Balilla. 유소년 파시스트 단체. 8세부터 14세까지 가입했다에 들어갔고 그 후에는 아방과르디스티Avanguardisti. 15세부터 18세까지 청소년들이 소속된 파시스트 단체에 등록을 했습니다. 저 역시 불만이었는데 그런 행진이 전혀 내키지 않았고 긍정적인 면이 하나도 없었으니까요. 하지만 파시즘 교리에 어떤 '매력appello'•이 있다는 걸 부정하지는 못하겠습니다. 생명력, 생의 약동 같은 파시즘의 이상적인 원리는 분명 어떤 '매력'이 있습니다. 저를 움직일 정도는 아니지만 소리 없이 저를 집어삼켜버리는 그런 매력 말이지요. 이집트 전쟁을 예로 들어보지요. 나는 작은 깃발들이 표시된 에티오피아 지도를 가지고 있습니다. 대부분의 이탈리아 사람처럼 그것을 믿었습니다.

테시오   신화의 가장 재미있는 지점이지요.

레비   그렇습니다. 곧 붕괴될, 파시즘 신화의 가장 재미있는 부분입니다.

테시오   주목할 만한 대중적 합의가 있었지요.

레비   당시 저는 열다섯 살이었습니다.

테시오   잘 압니다. 제 말은 성인들이 합의했다는 겁니다.

• 말 그대로 영어로 옮기자면 appeal로밖에 번역할 수 없으므로 마음을 끄는 매력적인 것을 뜻한다.

레비   스페인에서는 그렇지 않았습니다. 뒤에 벌어진 스페인 내
       전에서 대중적 합의를 얻지 못했다는 게 곧 밝혀졌으니까
       요. 스페인 내전은 양편 모두 사망하는, 피로 얼룩진 전쟁
       이었습니다. 이탈리아인들은 양편 모두에 참가했었는데 이
       사실은 나중에 알려졌지요.

테시오 그런데 당신은 내성적이고 사람들과 잘 어울리지 못하는
       사람으로 자신을 묘사했는데, 생의 약동이라는 이런 이데
       올로기 내에서는 본인을 어떻게 생각했습니까?

레비   저는 스스로 내성적이라고 생각했습니다. 어떤 자리에 잘
       어울리지 못한다고 생각했고 파시스트가 아니라고 생각했
       습니다. 무엇보다 학교 교사들은 반파시스트가 아니었지
       만 그렇다고 파시스트도 아니었습니다. 거의 미치광이 같
       던 그 불쌍한 악마 한 사람, 철학 선생만 빼고는 말입니다.
       파시스트였던 그 선생은 너무나 어리석어서 자신뿐만 아니
       라 그렇게 장황하게 설교하던 파시즘까지 우스꽝스럽게 만
       들었습니다. 이탈리아어 선생님은 유명한 아첼리아 아리치
       Azelia Arici●였습니다. 그분은 파시스트가 아니었고 나약한
       면이 다소 있기는 했지만 근본적으로 제대로 된 이탈리아
       어 수업을 계속 진행했습니다. 고전을 기본으로 한 수업이
       었는데, 아주 가끔은 그분의 선임자들을 떠올리며 은밀히

그분들에게 경의를 표하기도 했습니다. 은밀히 말입니다.

테시오 다른 선생님들도 기억나십니까?

레비 그럼요, 물론입니다. 그리스어와 라틴어를 가르치던 코콜로Lorenzo Coccolo 선생님은 최고의 라틴어·그리스어 학자셨습니다.[**] 사제셨지요. 당신이 편집한 책 『도시 여행Viaggio nella città』에 등장하는 인물입니다. 아쉽게도 선생님이 훨씬

---

[*] 1934-1935년 학기부터 1936-1937년 학기까지 3년간 프리모 레비에게 이탈리아어를 가르쳤다. 1925년에 이탈리아어와 라틴어 교수 자격증을 땄다. 베르가모, 카살레 몬페라토, 카르마뇰라에서 가르쳤고 마지막으로 토리노의 다첼리오 고등학교에서 아우구스토 몬티의 강의를 이어받아 가르쳤다. 카스툴로, 단테, 알피에리, 콜로디, 디노 부차티를 연구하고 타키투스 전 작품을 번역해서 1952년부터 1959년에 걸쳐 우테트Utet 출판사에서 출간했다.

[**] 1927-1928년에 다첼리오에서 라틴어와 그리스어 교사로 근무한 로렌초 코콜로에 대한 뛰어난 묘사는 루이지 피르포Luigi Firpo가 쓴 『피에몬테 사람들Gente di Piemonte』 가운데 「두 교사에 대한 증언Testimonianza per due maestri」 부분에서 찾아볼 수 있다. "이탈리아어, 라틴어, 역사와 철학 같은 인문학 과목들은 아직도 남성적인 과목으로 여겨졌다. 내 선생님들 중 단 한 사람, 유일하게 치마를 입은 분이 있었는데 여성이어서가 아니라 교회법을 충실히 따르기 때문이었다. 그는 자그마하고 온화하고 활력이 넘치는 시골 사제였다. 흰색과 빨간색 체크무늬 손수건에 코를 자주 풀어 코가 새빨갰다. 그 돈 로렌초 코콜로는 라틴어와 그리스어에 해박한 게 틀림없었지만 그 지식을 우리에게 하나도 가르칠 수 없었다. 게으르고 제멋대로인 우리가 무방비 상태인 그의 순진함을 부당하게 이용했으니까."(Mursia, 1983.)

더 우스운 인물이었어요. 술을 굉장히 많이 마셨으니까요. 선생님은 학식이 뛰어난 분이었지만 그것을 설명하는 방식은 본질적으로 우스웠습니다. 그분 외모 자체가 벌써 재미있었으니까요. 키가 아주 작았고 얼굴이 불그레한 데다가 파란 두 눈은 어린아이 같았습니다. 피에몬테 방언 억양이 정말 강했고 어떨 때는 본인도 모르게 피에몬테 사투리로 말하기도 했답니다. 지금 생각나는데 한번은 이런 일이 있었어요. 누군가 선생님을 성가시게 하자 이렇게 말했죠. "Chi ch'a l'é ch'a romp le bale?(어떤 놈이 이렇게 짜증 나게 하는 거야?)"이 문장에 사용된 bale는 고환이라는 뜻이다. 그 후에 공개적으로 사과를 했고 "내가 상당히 부적절한 말을 사용하고 말았다"라고 말했어요. 정말 그랬다니까요. 그러니까 존경할 만한 분이지만 그와 동시에 우스꽝스러운 인물이었던 겁니다.

테시오 그러면 돈 코콜로가 1학년, 2학년, 3학년 내내 그리스어와 라틴어를 가르쳤습니까?

레비 그렇습니다. 1학년, 2학년, 3학년 때요.

테시오 그러니까 3년 내내 전혀 변화가 없었네요.

레비 없었습니다.

테시오   아첼리아 아리치는 3년 동안 이탈리아어를 가르쳤습니까?

레비   그렇습니다.

테시오   그럼 수학도?

레비   마찬가지로 마리아 마스칼키 선생님이 3년간 가르쳤습니다. 훌륭한 분이셨죠. 대단한 수학자는 아니었지만 교사로서의 자질을 타고난 분이었습니다. 공정했고 부당한 행동을 절대 하지 않았습니다. 자신의 과목에 정통한, 신뢰할 만한 분이었습니다.

테시오   철학과 역사는요?

레비   1년 동안은 에우세비에티 선생에게 배웠습니다. 아리스토텔레스를 연구한 권위 있는 학자였고 아리스토텔레스 저작을 이탈리아어로 번역했습니다. 하지만 이방인처럼 거리감이 느껴지던 기억이 납니다. 전혀 관계가 없었으니까요. 가끔 우리를 웃기기는 했지만 개인적인 관계는 상상도 할 수 없었습니다. 그렇기는 해도 무엇보다 우리 반은 학생 수가 41명인 거대 학급이었다는 걸 고려할 필요가 있습니다. 그것도 모두 남학생이었고 대부분 불량 학생들이었어요. 그러니 한마디로 말해 우리는 제어가 불가능한 학생들이었지요. 선생님도 그런 학급을 통제하기 힘들었을 겁니다. 그 뒤 제르바츠라는 선생님이 와서 2년 동안 가르쳤습니다. 발다오스타 출신이었는데 스스로를 웃음거리로 만드는 그런 교사 중의 한 사람이었습니다.• 그는 계속해서 실수를 했는데 발음만이 문제가 아니라 수업 내용도 마찬가지였습니다. 어떻게 그럴 수 있었는지 모르겠어요……. 실제로 나중에 병원에 입원했다는 이야기가 있었습니다. 그의 수업은 아무 가치가 없었어요.

"저는 선생님에게 당황스러운 질문들을 했고
선생님은 대답을 하지 못해 쩔쩔맸습니다"

테시오   이야기하지 않은 다른 과목들은 뭐가 있을까요?

레비   자연과학입니다. 판젤라라는 노처녀 교사가 가르쳤지요. 저는 그 선생과 계속 경쟁을 했습니다. 제가 그녀보다 화학에 대해 더 많이 알았으니까요. 저는 벌써 혼자 공부를 했기에

• 아리스토텔레스 학자이자 번역가인 피에트로 에우세비에티는 레비가 상급 고등학교 1학년 때 철학을 가르쳤다. 사무엘레 제르바츠는 2학년과 3학년 때의 철학 담당이었다.

98

선생님에게 당황스러운 질문들을 했고 선생님은 대답을 하지 못해 쩔쩔맸습니다. 답을 이미 알고 있는 몇 가지 악의적인 질문도 했습니다. 선생님은 틀린 답을 말했지요.

테시오　차원은 다르지만 똑같은 말투로 초등학교 때 남자 선생님 이야기를 했었습니다. 당신 말대로라면 다첼리오가 그리 좋은 학교는 아니었던 것 같네요. 기억할 만한 교사들도 그리 많지 않았던 것 같고요.

레비　아리치. 아리치 선생님은 기억할 만한 분이었습니다. 그분의 몇몇 수업은 아직도 기억하고 있을 정도예요. 선생님은 불량배들 학급과 싸웠어요. 필사적으로 싸웠지요. 그 모든 것 때문에 객관적으로 그분이 최고의 교사였다고 인정하지 않을 수 없습니다. 하지만 선생님이 저를 사로잡지는 못했습니다. 제 관심은 다른 곳에 있었으니까요. 그때 전 벌써 화학에 흥미를 느꼈죠.

테시오　아주 어릴 때 말고, 화학이 적성에 맞고 소질이 있다는 건 언제 알게 되었습니까?

레비　대략 고등학교 1학년 때일 겁니다. 저는 집에서 찾아낸 화학제품들을 가지고 시작을 했습니다. 아버지가 제게 선물

했던 화학책들을 발견했습니다. 초보적인 유치한 실험들도 했는데 제가 보기에는 놀라웠습니다. 비너스의 나무, 주피터의 나무, 마르스의 나무연금술에서 금속을 신과 행성 이름에 연결시켜 부르던 명칭으로 각각 구리, 주석, 철을 가리킨다를 가지고 연금술적인 실험도 했습니다. 소금 결정을 만들기도 했어요.

테시오   모두 학교를 벗어나서, 학교에서 받은 자극과는 상관없이 시작되었군요.

레비   맞습니다.

테시오   이유가 있을까요?

레비   호기심 때문이었습니다. 별이 뜬 하늘에 흥미를 느꼈기 때문이지요. 동물에게 흥미를 느꼈습니다. 지난번 말했듯이 집에서 올챙이를 키웠어요. 각다귀에 흥미를 느꼈습니다. 모든 것에 흥미를 느꼈어요.

테시오   왜 화학이 그 모든 것의 중심이었나요?

레비   제가 보기에는 그랬으니까요. 정확히 말하면 제게는 그렇게 보였어요. 그래서 이탈리아어 수업에 어떤 적대감을 키

우게 되었습니다. 제게는 너무나 생소했거든요. 아리치 선생님은 젠틸레와 크로체의 철학을 신봉했습니다. 선생님은 자연과학은 부차적이고 보조적이며 B급이라고 생각했습니다. 전쟁이 끝나고 오랜 시간이 흐른 뒤 우리는 친구가 되었는데 선생님을 찾아가면 다시 논쟁을 시작하곤 했습니다. 선생님은 화학에 관한 모든 것에 깜짝 놀랐습니다. 그분에게는 완전히 새로운 세계였던 겁니다.

테시오 그러니까 아리치 선생님의 가르쳤던 지식의 막후를 폭로한 거군요.

레비 맞습니다. 저는 선생님의 수업을 참고 견뎠던 겁니다. 형편없는 작문을 했는데 그 이유가…… 그래요, 저는 단테를 좋아했습니다. 그래서 단테에 대해서는 몇 마디 할 수도 있어요. 하지만 카르두치, 파스콜리, 단눈치오에게는 정말 흥미를 느끼지 못했습니다. 필요악처럼 그것들을 참고 공부했지요. 지금은 생각이 바뀌었습니다.

"그 개혁 때문에 물리학과 수학의 잠재적인
몇몇 천재들이 사라진 건 분명합니다"

테시오 그러면 한번 생각해보도록 하지요. 당신은 젠틸레의 개혁

이 당신 세대와 그다음 세대에 사실상 피해를 입혔다고 생각하십니까?

레비   비교를 할 수는 없지만 그렇다고 할 수 있습니다. 특히 그 개혁 때문에 물리학과 수학의 잠재적인 몇몇 천재들이 이탈리아에서 사라진 건 분명합니다. 시작부터 자신감을 잃게 만들어버렸으니까요.

테시오   당신 반에 당신과 비슷한 상황에 있던 다른 학생들이 있었다는 것 아십니까? 스스로 공부를 하고 다른 학교를 세운 학생들이지요.

레비   압니다. 우리 반에 천재가 한 명 있었는데 잠재적인 천재가 아니라 실제 천재였습니다. 에마누엘레 아르톰Emanuele Artom•의 동생인 엔니오 아르톰입니다.

테시오   아르톰 집안 이야기가 나오니 아우구스토 몬티의 감동적인 묘사가 떠오릅니다.

레비   두 형제와 아버지였지요. 에마누엘레는 유격대원으로 활동하다 죽었습니다. 엔니오는 어렸지요. 너무나 조숙한 젊은이였어요. 너무 일찍 반파시스트가 되어서 열네 살에 두 번이나 유배를 갔다 온 것을 자랑스러워했습니다. 무솔리니가 토리노에 왔을 때 경찰이 그의 집에 들이닥쳐 그를 토레 펠리체로 데려갔습니다. 열네 살에 이미 극렬 위험 분자로 간주되었던 겁니다.

테시오　당신들은 그에게 매력을 느꼈습니까?

레비　엔니오는 아주 내성적인 소년이었어요. 하지만 부정하

● 프리모 레비는 1984년 4월 11일 자 〈라스탐파〉지의 기고문에서 에마누엘레 아르톰을 회상한다. 그 무렵 미라피오리 공원이 아르톰에게 헌정되었는데, 수식이 없고 분명한 감탄의 말로 그를 기린다. "1943년 9월 8일 나치가 북부 이탈리아를 침공하자 에마누엘레는 주저하지 않았다. 군대 경험이 없고 폭력과 무관하던 그는 산으로 올라가 유격대원이 된다. 쾌활하고 당당하게 불편과 위험을 견뎠고 대담하고 민첩하게 행동했다. 1944년 1월에 발펠리체에서 행동당의 정치지도원이 된다. 소탕 작전에 걸려 체포되고 며칠 동안 극도로 잔인한 고문을 받고 굴욕을 당하지만 침묵을 지킬 힘을 잃지 않았다. 동지들의 이름을 발설하지 않았다. 고문의 고통으로 4월 7일 사망한다."(Primo Levi, 『Opere』, 2 voll., Einaudi, 1997) 에마누엘레 아르톰의 일기 『세 개의 인생—1800년대 말부터 1900년대 중반까지Tre vite. Dall'ultimo '800 alla meta del '900』(Israel, 1954)는 구리 슈바르츠가 편집해서 『유대인 유격대원의 일기 Diari di un partigiano ebreo』(Bollati Boringhieri, 2008)로 재출간되었다. 아르톰 집안, 아버지인 아르톰과 큰아들 에마누엘레, 작은 아들 엔니오에 관한 이야기는 아우구스토 몬티의 『허위에 뒤덮인 빈약한 토리노와 토리노의 다른 페이지들Torino falsa magra e altre pagine torinesi』(L'Ambaradan, 2006)에도 실려 있다.

기 힘든 매력이 있었습니다. 모든 문제에 대해 극단적일 정도로 분명하게 자기 생각을 가진 사람이 가진 매력이었죠. 그 당시 이미 언어에 능통했고 벤베누토 테라치니 Benvenuto Terracini. 언어학자의 친구이자 제자였습니다. 히브리어를 굉장히 잘했습니다. 그는 타고난 언어학자였고 집에서도 나의 것과는 전혀 다른 반파시즘을 흡수했습니다. 행동하는 진짜 반파시즘이었지요. 모두에게 본능적인 존경심을 불러일으켰어요.

테시오   그와 친구였나요?

레비   그의 친구가 되려는 시도도 하지 않았습니다. 너무 뛰어나다고 생각했어요.

테시오   같은 반에 친구가 있었나요?

레비   아니, 아니요, 그는 혼자였습니다. 게다가 그리 보기 좋은 외모가 아니었어요. 키가 작고 못생기고 안경을 낀 데다가 지나치게 다부진 소년이었습니다. 파시즘이 당시 젊은이들을 위해 그린 남성적인 초상화, 그러니까 세심하게 만들어낸 특권의 분위기에 에워싸인 표준적인 남성상과 부조화를 이루었어요. 그는 반 1등이었습니다. 말 그대로 1등이었지요. 반 1등은 인기가 별로 없는 법이지요.

테시오 같은 반 동창들 중 기억나는 동창은 아르톰 한 사람뿐입니까?

레비 아르톰만 유일하게 기억이 납니다. 다른 동창들은 뚜렷한 색깔이 없는 인물들이었어요.

테시오 졸업 후에도 만나십니까?

레비 몇 명은 만납니다.

테시오 화학자와 어원연구가—그러니까 언어연구가—로서의 당신의 재능과 아르톰의 것 사이에 어떤 관련이 있습니까?

레비 그럼요. 저는 그리스 문법이든 라틴 문법이든 문법을 좋아했습니다. 이유는 말할 수 없는데 아마 과학적인 이유에서일 겁니다. 문법은 과학이니까요. 고전에 대한 숭배는 그렇지 않았습니다. 학교에서 질문에 제대로 대답을 하지 못한 이유가 여기 있습니다. 하지만 저는 당시 이미 사물이 왜 그렇게 표현되는지에 대한, 그리스어 동사를 왜 사용하는지에 대한 아마추어적인 관심과 흥미를 느꼈고 그리스어 동사와 영어 동사와 독일어 동사와 라틴어 동사 사이의 관계들에 관심을 가졌지만 아무도 그러한 관심을 격려해주지 않았습니다. 외부와 단절된 관심이었죠.

테시오   아마 교사들이 곤란했기 때문 아니었을까요?

레비   코콜로 선생님은 그래서 저를 칭찬했습니다. 저를 "그라마티쿠스", 라틴어 학자라고 불렀어요. 그분은 저한테 어원학에 대한 취미가 있다는 걸 알아차렸고 발견해냈습니다. 그렇지만 고전어 교육은 당시에 과학적이지 않았습니다. 지금은 어떤지 잘 모르겠지만 당시에는 그랬어요. 어떤 현상들의 이유에 대해, 예를 들어 라틴어와 그리스어 사이에 뚜렷이 나타나는 유사성에 대해 아무 설명이 없었습니다.

테시오   고전들을 읽으셨지요.

레비   학교에서는 우리에게 문법을 마치 신의 선물인 양, 하늘에서 내려오는 환한 빛인 양 가르쳤습니다. 이유가 없는 문법이었지요. 그리고 우리는 고전을 읽었습니다.

테시오   하지만 당신은 또 다른 재능을 가지고 계셨지요.

레비 그래서인지 제 뜻과는 별개로 라틴어든 그리스어든 문법을 잘 알고 있었어요. 라틴어와 그리스어에서 좋은 점수를 받았습니다. 이탈리아어보다 훨씬 더.

테시오 당신 성적은 어땠습니까?

레비 고등학교 때 말입니까? 중상이었습니다. 7점에서 8점 사이였죠. 자연과학, 수학, 이탈리아어 성적은 우수했고 전반적으로 평범했습니다. 상상력이 불타오르는 어떤 일이 벌어졌을 때를 제외하고는 말입니다. 제가 말한 불행의 정점에 있는 성적이 있습니다. 고등학교 졸업 시험 때 이탈리아어 쓰기에서 3점을 받은 겁니다. 최초의 그리고 유일한 낙제점입니다.

테시오 당신의 상상력을 불타오르게 한 게 무엇이었는지 기억하십니까?

레비 아리오스토입니다. 맞아요, 아리오스토. 저는 아리오스토를 좋아했습니다.

테시오 역동적이고 뭔가에 사로잡혔다가 버려지고 다시 구조되는 등장인물들과 굉장히 복잡한 여행이 등장하지요.

레비 그렇지만 상상력을 자극했습니다. 계속되는 여행들과 있을 수 없는 그 풍경들, 목가적이고 생동감 넘치는 그 풍경들이 말입니다. 아리오스토의 시 기법도 마음에 들었어요. 게다가 단테의 시 같았습니다. 저는 단테 『신곡』의 「지옥」 편을 좋아했습니다. 「연옥」은 지옥만큼 좋아하지 않았고 「천국」은 하나도 기억이 나지 않습니다.

테시오 이것도 교사들이 능력이 부족했기 때문입니까?

레비 「지옥」은 쉽습니다. 그것은 총천연색입니다.

테시오 신학 개념들은요?

레비 과학적인 개념이기도 합니다.

테시오 단테를 다시 읽었을 때도 여전히 이런 선호도에 변함이 없었습니까?

레비 「연옥」은 전부 다시 읽었지만 「천국」은 아니었어요. 「천국」은 의욕을 사라지게 합니다. 절대 그 책을 집어 들지 않습니다.

테시오   정말 다시 읽지 않았습니까?

레비   네.

테시오   성적표를 보관하고 계십니까?

레비   아니요, 전혀.

테시오   졸업장은?

레비   있습니다. 그건 가지고 있습니다.

테시오   고등학교에서 유대인의 상황은 초등학교와 중학교와 비교해서 더 심각했습니까?

레비   고등학교에서는 조금 더 심각했습니다. 「길고 긴 결투Un lungo duello」에서 이야기했던 우정과 적대감을 느꼈으니까요. 기억하시지요?●

"내가 널 용서하는 건 오로지
네가 유대인이기 때문이야"

테시오   그럼요. 운동장에서 경주가 있을 때 이야기였지요.

레비   정말 특이한 일화였습니다. 친구이자 경쟁자인 그 친구는
제가 유대인이라는 사실에 호기심을 가지고 있었어요. 제
신경을 건드리고 자극했으면서도 관심을 가졌으니까요. 자
니켈리Zanichelli 출판사에서 나온 카르두치 시집, 인디언지
중국의 당지를 영국에서 개량하여 만든 종이. 얇고 불투명하며 질기다로 된 그
책을 아직도 가지고 있습니다. 그 표지에 그 친구가 침으로
"유대인"이라고 써서 표지가 망가졌지요. 지금도 자국이 남
아 있어서 그대로 읽을 수 있습니다. 그런 모든 일 때문에
나는 역설적으로 그에게 끌렸습니다. 파괴적인 생명력에,
저는 경험하지 못한 조숙한 그의 성적 능력에 끌렸던 겁니
다. 제가 숙제를 도와주고 안내자이자 교사 같은 역할을 했
기 때문에 그는 거머리처럼 제게 달라붙었습니다. 그는 대
신 제게 자전거로 산고네강까지 가는 오솔길들을 알려주

●『타인의 직업』에 수록된 「길고 긴 결투」를 가리킨다. 여기서 레비는 한 소
년과의 모순되고 경쟁적인 우정에 대해 말한다. 소설에서 소년의 이름은 귀
도인데 마리오 로사노의 호적상 이름과 일치한다는 걸 알 수 있다. 조르조 브
란도네Giorgio Brandone의 귀중한 기고문 「프리모 레비와 '다첼리오'Primo
Levi e il "D'Azeglio"」에 귀도에 관한 언급이 있다. 이 글은 2007년 5월 24일과
25일 개최된 학회의 발표문으로 후에 『프리모 레비의 장소들—문학과 기억
사이I luoghi di Levi, tra letteratura e memoria』(Liceo D'Azeglio, 2008)에 수록되
었다.

었고 자전거 경주로 제게 도전했습니다. 전쟁 중에 그를 다시 만났습니다. 전쟁 중에 그는 군인이었고 그리스에서 복무했는데 저는 이탈리아가 전쟁에서 지길 바란다고 그에게 잔인하게 말했습니다. 그는 제게 이렇게 대답했어요. "내가 널 용서하는 건 오로지 네가 유대인이기 때문이야." 그 후로는 그에 관한 소식을 전혀 듣지 못했어요. 그의 이름조차 보지 못했지요. 그에 대해서는 아는 게 하나도 없습니다.

테시오 찾아본 적은 없으신가요?

레비 전화번호부에 있는지 찾아보았지만 다시 연락을 하려고 애쓴 적은 없습니다.

테시오 어쨌든 그는 파시스트였고 당신은 아니었습니다.

레비 그는 실제로 파시스트였고 남성적인 것을 신봉하는 남자였습니다. 하지만 파시즘에 대해서는 극도로 냉소적이기도 했습니다. 그는 아무것도 믿지 않았어요. 어떤 면에서는 전형적인 이탈리아인이었지요. 그래서 육체의 힘, 신체적인 활력이 아주 중요했던 겁니다. 교리는 중요하지 않았어요. 분명 규율에 복종하는 파시스트는 아니었을 겁니다.

테시오　그 친구 말고 다른 친구들과는 아주 평범한 친구 관계를 맺었지요. 좀 자주 만나고 영화도 보러 같이 가던 친구가 혹시 있었나요?

레비　있었습니다. 그런 친구가 한 명 있었습니다. 영화도 보러 갔고 서로의 집까지 바래다주기도 하면서 긴 시간을 함께 보내곤 했습니다. 지금도 여전히 친구로 생각하는 친구입니다. 고등학교 때 친구지요. 그 친구가 결혼할 때까지는 거리낌 없는 우정을 이어갔는데 그 후로는 단절이 되었습니다.

테시오　결혼으로 두 분 관계가 깨지게 된 겁니까?

레비　그 친구의 아내와는 무슨 이야기를 나눠야 할지 모르니까요. 그 친구는 오랫동안 독신이었습니다. 독신으로 있을 때는 솔직하고 완벽할 정도로 친밀했어요. 결혼을 하자 그런 친밀감이 더 이상 지속되지 않았던 겁니다.

테시오　조금 앞서가 보자면, 당신의 결혼으로도 여러 가지 변화가 있었습니까?•

레비　그건 너무 앞선 질문입니다. 제 아내는 모든 것을 뒤바꿔놓았어요. 극적인 일이기도 하고 놀라운 일이기도 했지요.

테시오   그러면 다시 우정 문제로 돌아가지요. 영화 이야기를 하셨
           습니다. 당신과 친구들에게 영화는 무엇을 의미했습니까?

레비   프랑스 영화는 우리에게 많은 의미를 가졌습니다. 그것은
           이탈리아에 없는 무엇인가를 의미했지요. 이탈리아에서 제
           작한 영화들은 활기가 없었습니다.

테시오   이른바 말하는 '백색전화1936년에서 1943년 사이에 만들어진 현실도피
           성의 이탈리아 코미디 영화를 가리킨다. 부를 상징하는 백색전화가 그런 영화에 항
           상 등장했기 때문에 붙여진 명칭이다'인가요?

레비   미노 도로Mino Doro, 데니스María Denis 같은 배우들…… 절대
           깊이 있게 파헤치지 않았습니다. 배우들은 있는 그대로의

● 캐럴 앤지어Carole Angier가 "최초의 레비 전기"라고 밝힌 『이중 관계―프
리모 레비의 삶The Double Bond: A Biography』(Farrar, Straus and Giroux, 2002)
에서 썼듯이, 또는 미리엄 아니시모프가 『프리모 레비―낙천주의자의 비극
Primo Levi ou la tragédie d'un optimiste』(Jean-Claude Lattès, 1996)에서 말하듯
이 "프리모 레비에게 결혼의 중요성은 과장할 필요가 없다. 그것은 수용소
시절부터 강렬하게 열망하던 모든 것을 (…) 의미했다. 바로 '잔인하게 부정
되었던 인간으로서의 권리를 확인'하는 행위였다".

삶을 적어도 보이는 대로라도 이야기해야 합니다. 삶의 비극적인 부분까지도 말입니다. 장 르누아르, 장 가뱅, 〈새벽〉〈무도회의 수첩〉〈탈영병〉을 말하는 겁니다. 이탈리아에서 들어올 때는 약간의 검열을 받기는 했지만 그래도 전달하는 메시지는 똑같았습니다. 우리는 가끔 연극을 보러 가기도 했어요. 고비Gilberto Govi. 이탈리아 배우이자 시나리오작가. '제노바 방언 극단'을 창단했다의 연극을 예로 들 수 있는데 큰 위안이었고 일탈이었습니다. 우리는 고비에게 진실한 무엇이 있음을 본능적으로 감지했습니다.

"등산은 중요했어요.
토리노를 지배하던 나른한 분위기에서
약간 벗어날 수 있어서이기도 했습니다"

테시오   일상에서 나오는 섬세한 메시지지요.

레비   그렇습니다. 모든 면에서 평범한 그 남자는 즉흥적인 언어로, 그러니까 리구리아 방언이 섞인 말투로 자신을 표현했습니다. 그리고 우리는 산에 가곤 했습니다. 등산은 중요했어요. 저는 단 한 번도 대단한 등산가인 적이 없고 스키를 제대로 탄 적도 없습니다. 그래도 산에 갔습니다. 당시 토리노를 지배하던 나른한 분위기에서 약간 벗어날 수 있어서이기도 했습니다. 겨울에는 거의 매주 일요일마다 늘 가던 산에 갔다고 할 수 있습니다. 바르도네키아와 세스트리에레, 클라비에레 같은 곳이요. 그때는 발다오스타는 조금 거리가 멀었습니다.

테시오   어떻게 갔습니까?

레비   세스트리에레까지 가는 데 네 시간 걸리는 버스가 있었습니다. 하지만 여행은 늘 즐거웠어요.

테시오   아침 일찍 출발했겠네요…….

레비   5시에 일어났습니다.

테시오   학교 친구들 말고 다른 친구들과도 갔나요?

레비   대개는 학교 친구들과 갔습니다. 이따금 파시스트 단체들과 가기도 했어요. 그러니까 이른바 말하는 아방과르디스티 산악병들하고 말입니다. 하지만 그 사람들은 우리에게 아무것도 가르쳐주지 않았어요. 스키 타는 법조차 말입니다.

테시오   책임자가 있었습니까?

레비   우리에게 스키를 가르칠 임무를 맡은 게 분명한 남자가 있
       었지만 그 사람도 스키를 타지 못했습니다. 그래서 스키 타
       는 법을 배우지 못했습니다.

테시오 연극과 영화 이야기로 돌아오지요. 어떤 극장에 주로 가셨
       습니까?

레비   여기저기요. 보통은 입장료가 싼 곳으로 갔습니다. 그 시절
       에는 1등 상영관과 2등, 3등 상영관이 있었습니다. 우리는
       영화가 2등이나 3등 상영관에서 상영될 차례가 되기를 기
       다렸어요.

테시오 특별히 기억에 남은 영화관이 있나요?

레비   예. 지금은 아를레키노 영화관이라고 부르는데 당시에는 임
       페리아 영화관이었어요. 관람료가 1리라 18첸테시모, 1리라
       와 1솔도였어요. 80첸테시모이던 영화관들도 있었지요.첸테
       시모는 리라의 100분의 1, 솔도는 리라의 20분의 1에 해당한다.

테시오 평판이 나쁜 영화관들도 있었습니까?

레비   그럼요. 포르타누오바 영화관이 그랬지요. 아마 그 이름이

맞을 겁니다.

테시오 그 영화관은 제 시대까지 남아 있었어요. 베르톨레트가街
모퉁이와 만나는 니차가의 주랑 밑에 있는 그 영화관이죠.

레비 맞습니다. 아침에도 문을 열었습니다. 학교 대신 영화관에
가곤 했지요.

테시오 당신도 무단결석을 해보셨습니까?

레비 고등학교 때는 아니고 대학 때는 그래봤습니다.

테시오 고등학교 때는 절대 그런 적이 없으시군요. 하지만 친구들
은 무단결석을 하곤 했지요.

레비 그런 친구도 있었죠. 아주 대담한 친구도 있었고.

테시오 그렇게 심각한 일탈은 아니었군요…….

레비 아니었습니다.

테시오 담배는요?

레비　전쟁이 끝난 뒤부터 피우기 시작했습니다.

테시오　하지만 일탈을 해보고 싶은 욕망, 당신을 '남자'로 만들어 줄 어떤 일을 해보고 싶은 욕망을 느낀 적 없습니까?

레비　저의 일탈은 산이었습니다. 저는 고등학교가 아니라 대학에서 곧 무모한 일들을 시작했습니다. 제 일탈은 그것이었죠.

테시오　위험을 무릅썼고 무모한 상황을 만들지 않았습니까?

레비　맞습니다.

테시오　그러다 보니 어느새 델마스트로Sandro Delmastro●와 우정을 나누던 시기에 이르렀습니다. 그는 아주 사려 깊고 상당히 심지가 굳은 남자 같았습니다.

레비　그 친구는 다양한 일을 할 줄 알았지만 그 역시 위험을 사

● 반파시즘 조직인 '정의와 자유Giustizia e Libertà'에 들어갔고 도시의 모든 작전을 지휘하는 지휘관이 되었다. 처음 체포되었다가 도망쳐 나와 발로이아로 파견되어 자신의 목적지로 가던 도중에 다시 체포되었다. 쿠네오의 파시스트 본부로 이송된 뒤 필사적으로 도망을 치다가 살해당했다. 『주기율표』의 「철」은 산드로의 이야기를 문학적으로 변형한 것이다.

랑했습니다.

테시오　산드로 델마스트로는 대학 시절 친구였죠…….

레비　그렇습니다.

테시오　어느 고등학교를 졸업했습니까?

레비　알피에리 고등학교입니다.

테시오　집안은 어땠나요?

레비　중산층이었습니다. 숙련된 벽돌공의 아들이었지요.

테시오　그의 집안에는 교육받은 사람들이 없었습니다. 그에게 당신은 학구적인 사람을 대표하지 않았나요?

레비　화학을 진지하게 받아들이는 사람을 대표했습니다.

테시오　두 사람 사이에 그늘진 구역은 전혀 없었습니까?

레비　아, 순수한 감탄만이 있었습니다! 그 친구는 거의 말이 없을 정도로 과묵했고 효율적인 신체를 가졌고 자신감에 넘 쳤습니다. 그보다 훨씬 뛰어난 후배가 하나 있습니다. 산 드로는 얼굴이 못생겼죠. 그 후배는 그가 가진 모든 장점 말고도 아주 잘생기기까지 했습니다. 간단히 말해 메스너 Reinhold Messner. 이탈리아의 산악인입니다. 두 사람 다 과시하지 않 으며 기억에 남을 만한 일을 했습니다. 중단하지 않고—쉬 지 않고—코녜 분지를 둘러싼 산을 완전히 횡단했습니다. 그들은 이탈리아 산악 클럽 회보에 실렸지만 그들에게 승 리는 그 자체로 가치가 있었습니다. 그래서 전혀 중요하게 생각하지 않았지요.

테시오   그런 인물들이 존재한다는 게 믿어지지 않습니다.

레비   잭 런던의 소설에 나올 법한 인물들입니다. 산드로는 자신 의 '모험'에 대해 정말 어쩌다 한 번 이야기를 해주곤 했습 니다. 그가 파놓은 구덩이 속에서 눈에 파묻혀 야영을 하 고, 한겨울 한데서 밤을 보내고, 자전거를 타고 세스트리에 레까지 가서 스키를 타는 그런 전설적인 일들 말입니다. 그 는 저를 보호하며 그런 기본적인 일들을 제게 가르쳤습니 다. 저는 신체적으로 그에게 훨씬 못 미쳤습니다.

테시오   신체적으로는 달렸지만 민첩함으로 보충을 하셨지요.

대학 시절 친구 산드로 델마스트로

레비   저는 민첩했고 끈기도 있었습니다.

테시오   등산하는 사람에게 필요한 건 뭘까요?

레비   추위를 잘 견뎌야 하고 피로를 이겨낼 수 있어야 합니다.

"우정은 모든 것을 조금씩 공유하는 것이었습니다.
신뢰를 공유하고 산을 공유하고
호기심을 공유하는 겁니다"

테시오   당신 평생 남을 우정이었습니까?

레비   오랫동안 제게 아주 중요했습니다. 이제야 서서히 희미해지고 있습니다. 우정은 모든 것을 조금씩 공유하는 것이었습니다. 신뢰를 공유하고 산을 공유하고 호기심을 공유하는 겁니다. 음악회도 있습니다.

테시오   어디요? 음악원이요? 하지만 지금 우린 우정 이야기를 나누고 있는데…….

레비   그래요, 우정은 아주 중요했어요. 지금도 마찬가지입니다. 남자들 사이의 우정, 젊은 여자들 사이의 우정도 그렇습니다.

테시오 　차례대로 정리를 해보지요. 산과 영화와 음악회와 연극이 있습니다. 가벼운 오락을 위한 연극만 말씀하신 건가요?

레비 　아니요, 그것만은 아닙니다. 셰익스피어도 있으니까요. 간단히 말해 연극이 주는 모든 것을 즐기는 겁니다.

테시오 　연극을 보러 자주 가셨습니까?

레비 　아니요, 1년에 네다섯 번 갔습니다.

테시오 　영화관에는?

레비 　아마 1년에 열 번은 갔을 겁니다.

테시오 　조금 전에 음악회 이야기를 했는데.

레비 　음악회 정기 입장권을 가지고 있었습니다.

테시오 　그러면 굉장히 자주 갔다는 이야기군요.

레비 　그렇습니다.

테시오   그러니까 당신에게 음악이 아주 중요했군요.

레비   전 악기를 전혀 연주할 줄 모릅니다. 음악은 피동적이었습니다. 제가 피동적으로 관심을 가진 분야지요. 매력을 느꼈지만 피동적으로 관심을 보였습니다. 악기 수업을 받아야겠다는 생각은 꿈에도 하지 않았지요. 시작은 했었습니다. 가족들이 피아노 개인 지도를 받게 해보려 했지요. 여섯 살에서 일곱 살 때쯤이었는데 저는 울어버렸습니다. 배우고 싶지 않았어요. 그런 면에 끈기가 없었지요.

테시오   그럼 그 뒤 다시 시도도 해보지 않았군요. 동생도 마찬가지였습니까?

레비   아, 똑같았어요. 동생도 마찬가지였습니다.

테시오   그럼 자녀분들은?

레비   우리 아이들은 둘 다 음악에 놀라운 재능이 있습니다. 둘 다 거의 모든 악기를 배웠고 함께 연주하고 수업을 받았습니다. 그래서 제 아들은 물리학자인데 음악의 물리학에 관해서도 아는 게 많습니다. 우리 아이들의 음악적 재능은 놀랄 만큼 뛰어나답니다.

테시오   기억에 남을 만한 연주회들이 있었습니까?

레비   말하기 힘들 것 같군요.

"저는 매우 내성적이었는데
인종법 때문이기도 했지요.
그것은 명확한 단절을 초래했으니까요"

테시오   우정 이야기를 조금만 더 해보도록 하겠습니다. 남자와의
우정과 여자와의 우정이 다르다고 생각하십니까?

레비   아주 미묘한 문제를 건드리시는군요. 저는 숫기가 없는 사
람입니다. 병적일 정도로 수줍음을 많이 타는 사람이지요.
그래서 여자들과 친구가 되었습니다. 하지만 거기서 끝이
었어요. 완전한 변화와 장벽을 뛰어넘는 일이 제게는 몹
시 늦게, 아우슈비츠에서 돌아온 뒤에 일어났습니다. 상당
히 당황스럽고 분명 말하기 어려운 주제입니다. 사실 저는
감정을 절대 표현하지 않는 사람이었습니다. 제가 쓴 글들
에서 그것을 알 수 있을 겁니다. 저는 매우 내성적이었는
데 인종법 때문이기도 했지요. 그것은 명확한 단절을 초래
했으니까요. 많은 여자들이 가능한 한 예의 바르게, 상처를
주지 않고 멀어졌습니다. 하지만 저는 관계를 가질 수 없는

바로 그런 여자들을 찾았습니다.

테시오 당신을 거부한 여자들을 찾았다고요?

레비 아마 그랬던 것 같습니다. 하지만 그 일에 신경을 쓰지 않습니다. 사실 전 몇몇 여자들과 친구로 지냈지만 사랑의 감정으로 발전된 경우는 하나도 없었습니다.

테시오 책을 읽고 그에 대한 의견을 주고받던 그 대학 친구와도 말입니까? 『주기율표』에서 가명으로 그 친구 이야기를 했지요.

레비 그녀와도 마찬가지입니다. 맞아요. 저는 그녀를 어렴풋이 사랑했지만 극도로 순수했습니다.•

테시오 그 문제로 괴로웠나요?

•『주기율표』 3장 「아연」에서 이 친구 이름은 리타다. 레비는 그녀를 이렇게 소개한다. "한쪽 구석의 배기 후드 앞에 리타가 앉아 있었다. 나는 그녀에게로 다가갔다. 그녀가 나와 똑같은 요리를 하고 있는 것을 보고 속으로 기뻤다. 여기서 기쁘다고 한 건, 오래전부터 리타의 주위를 맴돌면서 그녀에게 말을 걸 만한 멋진 이야기를 마음속으로 준비해왔으면서도 결정적인 순간이 되면 말을 꺼낼 용기조차 못 내고 다음 날로 미루곤 했기 때문이다." 캐럴 앤지어는 자신이 쓴 레비 전기에서 리타라는 이름의 인물이 클라라 모스키노 Clara Moschino라고 확인했다.

레비   그럼요. 끔찍할 만큼 괴로웠습니다. 무서울 정도로 고통스
        러웠어요. 제 친구들이 모두 그런 경험을 다 했고 성 경험
        까지 있는 것을 보았으니까요. 저는 아니었습니다. 저는 깜
        짝 놀랄 만큼, 자살을 생각할 정도로 괴로웠어요.

테시오   아마 당신 친구들이 지나치게 자신들의 승리를 과시했기
        때문일 수도 있는데요…….

레비   그렇지요. 사창가에 가는 친구도 있었습니다. 가짜 신분증을
        만들어서 갔지요. 전 그런 일은 절대 하지 못했을 겁니다.

테시오   여자 친구들과의 우정이 오래 이어진 경우도 있지 않습니까?

레비   아, 몇 명과는요. 그래요, 몇 명하고는 그랬어요. 예를 들면
        『주기율표』의 「인」에 나오는 친구와는 그랬습니다. 그녀는
        지금도 저와 친구랍니다. 하지만 우정이 지속된 시기는 2년
        혹은 3년 정도지요.••

테시오   왜 그렇습니까?

•• 다시 캐럴 앤지어를 인용하면, 『주기율표』의 「인」에 등장하는 여자는 문
학적으로 변형됐는데 가브리엘라 가르다Gabriella Garda란 인물과 일치한다.

레비   다양한 이유 때문입니다. 말하자면 제 상황 때문이지요. 가
         족들에게 여러 가지 일이 일어났는데 나는 거의 손을 쓰지
         못했습니다. 그러다…… 누군가 죽고 누군가는 아프고 누
         군가는 삶에 흥미를 잃고…… 끝나가는 장章과 같아요.

테시오   자신이 늙어간다는 느낌 같은 건가요?

레비   그렇습니다.

테시오   당신 주변 세계가 무너지는 게 보이십니까?

레비   그래요. 이건 굉장히 고통스러운 일입니다. 몹시 고통스럽
         고, 돌이킬 수 없는 일이지요.

"거의 제 의지와는 별개로 작가가 되었고
새로운 장을 열었습니다"

테시오   그렇지만 당신은 대체로 본인을 성질상 승리하는 사람으로
         생각하시지요?

레비   글쎄요! 저는 몇 번의 전투를 치른 사람이라고 생각합니
         다. 어떤 전투에서는 패배했고 어떤 전투에서는 승리한 그

런 사람이요. 저는 아우슈비츠 생존자이기 때문에 깊이 있
는 어떤 힘을 가져야만 합니다. 아우슈비츠는 굉장한 전쟁
터니까요. 화학자로서도 패배를 견뎌야 했지만 또 몇 번은
승리를 하기도 했습니다. 작가로서도 마찬가지입니다. 저는
거의 제 의지와는 별개로 작가가 되었고 새로운 장을 열었
습니다. 처음에는 이탈리아에서, 그리고 곧 외국에서 서서
히 성공의 물결이 제게 밀려들어 와서 저를 뒤흔들어 균형
을 잃게 했습니다. 제가 아닌 어떤 사람의 옷을 제게 입혀
놓았습니다.

테시오   작가라는 직업이 주는 중압감이 큽니까?

레비   중압감이요?

테시오   그렇습니다. 이게 질문입니다.

레비   결과적으로 보면 두말할 것도 없이 그렇습니다. 글 쓰는 데
들인 노력과 시간 면에서는 그렇지 않다고 말해야 할 것 같
습니다. 제 책들은 대개 제가 쓰고 싶어서, 쉽게, 부담감을
전혀 느끼지 않고 썼으니까요.

테시오   혹시 있을지 모를 실패, 다시 말해 성공하지 못할지도 모른

다는 중압감은 전혀 느끼지 않으셨나요? 간단히 말해 글쓰기와 같이 규정하기 힘든 일을 하면서 어떤 기분을 느끼셨나요? 글쓰기에 대한 의무감? 글을 써야 한다는 필요성?

레비　지금은 중압감을 느끼지만 처음에는 아니었습니다. 저는 언제나 꽤 자신감에 넘쳐 글을 썼습니다. 비평이 저를 지지했기 때문이기도 하고 친구들에게 제가 쓴 것들을 읽어주면 친구들이 칭찬을 했기 때문에, 판매가 잘되었기 때문에, 출판사에서 만족스러워했기 때문이기도 했습니다. 저는 실패한 작가라는 느낌은 거의 받은 적이 없습니다. 오히려 지금도 제가 성공했다는 것에, 크게 투지를 불태우지 않고도 해냈다는 사실에 깜짝 놀랍니다.

테시오　자연스러운 일처럼 말이지요…….

레비　저의 외부에서 일어난 현상입니다. 저는 책을 한 권 썼고, 그 후 책은 제 갈 길로 가고 도약을 하는 겁니다. 그렇게 미궁처럼 복잡하게 뒤얽힌 여정을 따라가지요. 『이것이 인간인가』는 제가 따라갈 수도 없게 복잡한 여정을 지나고 있고 지금도 여전히 나아가고 있습니다. 독일에서 재판을 찍었습니다. 그리고 바로 오늘 아침 영화 기술자, 시나리오작가에게 전화를 받았는데 영화제작을 제안했습니다.

테시오   그렇지만 처음에 당신이 말한 것으로 미루어 보면 이런 새로운 직업이 당신에 대한, 당신 내부의 무엇인가에 큰 변화를 가져왔다고 할 수 있을 겁니다. 적어도 화학자와 작가, 두 개의 일을 하는 동안은 두 얼굴을 가지고 있는 기분이었다고 스스로 말씀하시지 않았나요?

레비   맞습니다.

테시오   그러면 이것이 심리적인 문제를 가져왔다거나 애매모호함을 만들어내지는 않았나요?

레비   애매모호함이 아니라 혼종성입니다. 저는 그것을 잘 가지고 있었고, 너무나 훌륭하게 유지했습니다. 꼭 말하고 싶은 것은, 꽤 오랫동안 그 일을 적절하게 해왔다는 것입니다.

테시오   실제로 어떻게 하셨습니까?

레비   시간을 둘로 나눴습니다. 공장에서의 시간에는 문학이 전혀 관여하지 않았습니다. 그 후에는 편지에 답장을 쓰고 밤에 글을 썼습니다.

테시오   공장에서는 여덟 시간 근무를 하셨습니까?

레비　　그렇습니다. 오고 가는 데 두 시간이 걸렸으니 열 시간을 거기에 쓴 겁니다. 글은 밤에 썼습니다. 나는 아주 강합니다. 이게 전부입니다.

테시오　포기의 순간은 한 번도 없었나요?

레비　　있었습니다. 지금 말했던 것과 같아요. 하지만 글쓰기와 관련해서는 아니었습니다. 공장 일 때문에 몇 번 그런 적이 있었어요. 공장 문제에서 몇 번 포기의 순간들이 있었습니다. 그래요.

테시오　어쨌든 그런 순간들이 글쓰기와는 상관이 없었던 거죠?

레비　　없었습니다.

"제가 썼던 글들을 하찮게 생각하지 않습니다.
그건 내 살과 피입니다"

테시오　그건 긍정적인 자료이기도 하네요. 안 그렇습니까?

레비　　이미 쓴 글에서가 아니라 '써야 할' 글에서 그럴 겁니다. 예를 들면 지금 저는 글을 쓸 수가 없어요. 그러나 제가 썼던 글들을 하찮게 생각하지 않습니다. 그건 내 살과 피입니다.

테시오   현재의 상황을 한쪽으로 밀어두면, 당신은 작가로서 항상
         훌륭하게 상황을 지배하셨습니다.

레비   포기의 순간들이 있었습니다. 자주 있었어요. 저는 자주 사
         로잡혀서…… 그런데 이 문제는 그냥 지나가고 싶군요.

테시오   그러면 그런 고난의 순간에 어떻게 대응하십니까?

레비   제가 이용할 수 있는 수단으로 싸우려고 애쓰지만…… 그
         런데 당신이 제게 이런 질문을 하는 동안 저는 곤경에 빠
         진 기분인데 이런 사실이 그 문제를 전혀 다른 식으로 바라
         보게 해줍니다. 다른 시기라면 저는 아마 다른 대답을 했을
         겁니다. 훨씬 더 열광적으로 말했을 겁니다.

테시오   알겠습니다. 그렇지만 당신이 어쨌든 항상 야수를 이겼다
         는 점을 주목하지 않을 수 없습니다.

레비   이제 그런 게 제게는 하나도 중요하지 않습니다. 처음부터
         당신에게 말했지요. 번역되어야 할 고백들이 있습니다.

테시오   지금 하시는 말을 다른 때라면 제게 하지 않으시리라는 걸 잘 압니다. 그러나 이것이 어느 정도는 더 깊이 있는 주제를 다루는 대화의 방법이 되지 않을까요?

레비   당신에게 말했던 제 내성적인 성격을 의심의 눈으로 바라보며 살았습니다. 젊은 시절에 저를 독살한 성격이지요. 그리고 아직도 어떤 인간관계들을 가로막고 있기도 하고요.

테시오   그런데요, 최대한 무례하지 않게 말씀드리고 싶습니다. 가끔 당신의 작품에서 그런 한계가 느껴지기도 합니다. 마치 더 나아가지 못하게 가로막는 일종의 장벽 같은 게 존재하는 듯해요.

레비   그 너머로 가고 싶지 않습니다.

테시오   에두르지 않고 말하겠습니다. 당신에게 따뜻함이 부족해서 그런 한계가 느껴지는가 싶기도 합니다.

레비   잘 모르겠습니다. 그걸 알아차리지 못했어요.

테시오   일종의 저항 같은…….

레비 　분명 있습니다. 『이것이 인간인가』의 첫 부분에서 그런 흔적을 찾을 수 있습니다. 이건 당신에게 말할 수 있어요. 한 여인을 암시했어요. 제가 이 여인에게 내 방식으로 환심을 사려고 해서 그녀를 몹시 당황스럽게 만들었어요. 그녀는 제가 극도로 내성적이고 우유부단하다는 걸 잘 알고 있었으니까요. 우리는 함께, 정확히 말하면 아주 흔한 방식으로 체포되었어요. 콜드주Col de Joux. 이탈리아 발다오스타 계곡과 맞닿은 프랑스 쪽 알프스의 산길에서 우리는 어떤 임무인지는 기억나지 않지만 정치적 임무를 수행하러 함께 마을로 내려갔습니다. 밤중에 산으로 올라가지 말고 계곡의 은신처에서 자고 가라는 제안을 받았어요. 우리는 거절했습니다. 무슨 이유 때문이었는지 잘 기억나지 않습니다. 그러고는 한밤중에 콜드주까지 올라갔고 다섯 시간 뒤에, 그 밤이 지나고 체포되었지요. 저는 자주 죄책감을 느꼈습니다.

테시오 　본의 아니게 체포에 일조했다는 것 때문인가요?

레비 　게다가 그 여자는 끌려가지 않으려고 자살을 시도했어요. 동맥을 잘랐지만 곧 봉합을 해주었습니다. 그 후 그녀가 죽었기 때문에, 간단히 말해 저는 지금의 아내를 만날 때까지 그녀의 죽음에 대한 죄책감에서 벗어나지 못했습니다. 제게는 정말 절망적인 상황이었어요. 사랑하는 여자가 더 이상 이 세상에 없다는 게, 게다가 내가 그녀의 죽음에 한 원인이었다는 게 말입니다. 이것이 어떤 느낌인지 생각하면……. 내가 그녀에게 조금만 더 적극적이었다면, 우리가 같이 도망쳤더라면, 우리가 같이 잤더라면……. 그런데 저는 그 어떤 일도 할 수 없었습니다.●

테시오   아주 오래전의 상황이지요. 자서전을 써야겠다는 생각을 해보신 적은 없습니까?

레비   이미 썼습니다.

"자서전을 쓴다는 게
제게 너무나 고통스러운 일일 겁니다"

● 반더 공장(레비가 밀라노로 이주하면서 근무하게 된 스위스 제약 회사. 거의 불법으로 발란제로의 석면 광산에서 근무하던 레비는 광산을 그만두고 직장을 옮겼다)에 근무하던 밀라노 시절에 이미 자주 만났던 반다 마에스트로Vanda Maestro는 『주기율표』의 「금」에서 레비가 변형시켜 이야기한 "토리노 출신 친구들, 일곱 명의 젊은 남녀" 중 한 사람이었다. "반다는 나 같은 화학자였지만 일자리를 구하지 못했고 그래서 페미니스트였던 그녀는 이 사실에 늘 분노했다." 제대로 준비가 안 된 유격대원이던 두 사람은 발다오스타에서 다시 만났다. 그 후 반다는 포솔리 수용소에서 사망했다. 그녀를 사랑했던 레비는 이 일을 계속 비통해했고 『이것이 인간인가』의 앞부분과 『휴전』에서, 그리고 여기 인터뷰에서 가장 마음 아픈 고백을 한다.

테시오 저는 『주기율표』를 말씀드리는 게 아닙니다. 그 책도 말하자면 자서전이라고는 할 수 있지요. 제가 말한 건 글쓰기 그 자체 말고는 다른 여과 장치가 없는 명백한 자서전입니다. 이를테면 직업상의 좌절을 말하는 것과 인생에서 경험한 좌절을 깊이 있게 말하는 것은 다른 일이니까요.

레비 사실은 그런 자서전을 쓴다는 게 제게 너무나 고통스러운 일일 겁니다.

테시오 제가 묻고 싶은 게 바로 그것이었습니다.

레비 이미 말했듯이 저는 여자와 감정적으로 확실한 관계를 맺지 못하는 제 성격 때문에 아주 불행한 청소년기와 청년기를 보냈습니다……. 하지만 이야기할 만한 일은 아닙니다.

테시오 이해합니다. 게다가 그 후 당신 인생에서 가장 행복한 일들이 일어났지 않습니까. 귀향, 결혼, 자녀, 저서, 잠재적인 치료의 힘을 가진 글쓰기. 글쓰기도 치유에 도움이 되었지요…….

레비 그렇습니다. 하지만 『이것이 인간인가』는, 말했듯이 극적이었습니다. 두 가지 사실이 하나로 모이는데, 『이것이 인간인가』를 쓰기 시작하고 아내를 만났다는 겁니다. 이 두 가지가 저를 구원한 요인입니다.

테시오　예를 들어 부인을 만난 이야기는 해주실 수 있을까요?

레비　물론입니다. 그 이야기를 들려주고 싶군요. 몇 분도, 아니 몇 초도 걸리지 않았던 문제라고 말할 수 있습니다. 저는 예전부터 아내를 알고 있었어요. 제 동생의 친구였거든요.

테시오　수용소에 가기 전부터 알고 계셨습니까?

레비　그렇습니다. 수용소에 가기 전부터 알았어요. 제 동생의 여러 친구들 가운데 한 사람이었어요. 우리는 함께 춤을 추었어요. 불과 몇 초 사이에 갑작스레 일어난 깊은 변화를 알아차렸죠. 수줍음의 장벽이 무너져버렸어요. 무엇보다 제게 말을 시키고 조급해하지 않고 이해를 하고 애정을 보였던 아내 덕분이었죠. 불과 몇 분 사이에 말입니다…….

테시오　어디서 춤을 추셨나요? 기억나십니까?

레비　잘 기억은 안 나는데 아마 유대인 학교였을 겁니다.

반다 마에스트로(왼쪽)

테시오   날짜를 기억하십니까?

레비   그럼요. 그때 쓴 『불확실한 시간에』에 수록된 시가 있습니다. 기억나시나요?●

테시오   혹시 별들과 신의 실수에 대해 노래한 그 시인가요?

레비   맞습니다. 제가 말한 시의 제목이 그날입니다.

테시오   밤이었나요, 낮이었나요?

레비   밤이었습니다. 맞아요.

테시오   갑작스럽고 놀라운 일이었군요.

레비   그렇습니다. 갑작스럽고 놀라운 일이었습니다.

테시오   만남의 전과 후를 알아차렸기 때문이지요.

레비   『주기율표』의 「크롬」에서 이야기한 대로였습니다.

●『불확실한 시간에』에 수록된 「1946년 2월 11일」이다.

테시오 그 만남으로 당신은 행복해졌군요.

레비 행복했고 성취감을 느꼈습니다. 거리낌이 없었고 유쾌했으며 일하고 싶은 의욕이 넘쳤습니다. 두 번의 승리를 한 기분이었어요. 이 세상의 주인이 된 듯했습니다.

테시오 이야기를 한참 건너뛰었습니다. 다시 조금만 뒤로 돌아가서, 대학 시절의 학업으로, 대학에 입학했을 때를 이야기해보고 싶습니다.

레비 저는 망설이지 않았습니다. 제게 한 가지 일이 있었습니다. 그러니까 고등학교 졸업 시험에서 실패를 했기 때문에 10월에 움베르토 코스모 선생님의 수업을 다시 들었습니다.

테시오 코스모 선생님에게 갔습니까? 개인 교사로서 코스모는 어떤 인상이었나요?

레비 불쌍한 선생님, 굉장히 당황스러워했습니다.

테시오 메디테라네오 대로에 있는 코스모의 집으로 가셨습니까?

레비 콜리가街였습니다.

테시오 그곳에 따님이 아직도 삽니다. 그때 코스모는 몇 살이셨나요?

레비 잘 모릅니다. 예순다섯? 굉장히 늙어 보였습니다.

테시오 누가 당신을 그분에게 보냈습니까?

레비 바로 아리치 선생님이었습니다. 아니, 아니, 아리치 선생님이 아닙니다. 파시즘에 관한 주제로 작문을 해야만 했으니까요. 누가 나를 코스모 선생님에게 보냈는지 기억이 나지 않아요. 코스모 선생님은 제게 훌륭한 조언을 해주고 몇 번 연습 작문을 시켰습니다. 10월에 합격을 했는데 몇 점을 받았는지는 기억이 나지 않습니다.

테시오 주제를 어떻게 다뤘는지 대략적으로라도 생각이 안 나세요?

레비 생각나지 않습니다.

테시오 그러고 나서는요?

레비 그 뒤에는 주저 없이 대학에 등록했는데 정말 좋았습니다. 대학의 분위기가 아주 좋았어요. 공부가 좋았습니다. 교재도 좋았어요. 저는 제 물에서 유영을 했지요.

테시오 　교수들도 수준이 높았습니까?

레비 　그렇습니다. 거의 모든 교수를 존경했고 그분들도 저를 존중해주었습니다. 하지만 1년 뒤 인종법이 선포되었어요. 1938년에서 1939년의 일입니다.

"처음에는 제가 다르다고 느꼈어요.
하지만 그러기엔 유대인이
저 혼자만은 아니었습니다"

테시오 　그때 그러면 학업을 그만두어야…….

레비 　아니요, 인종법은 학업은 계속할 수 있게 허락했습니다. 제게는 다행이었죠. 처음에는 제가 다르다고 느꼈어요. 하지만 그러기엔 유대인이 저 혼자만은 아니었습니다. 몇 명 정도 되었어요. 입학생 60여 명 중에 일곱 명인지 여덟 명 정도였어요. 교수들이나 동창들 모두 우리에게 친절했다는 말을 해야겠군요. 그들은 어떤 식으로든 우리가 부담감을 느끼지 않게 했어요…….

테시오   전혀 말인가요?

레비   졸업논문을 쓰는 문제가 있을 때는 아니었지요. 우리를, 당시 표현대로 하면, 실험실 조교로 받아주는 게 금지되어 있었기 때문이죠. 그래서 어떤 교수들은 잔인하게 말했어요. "학생은 유대인이어서 받아줄 수 없네." 더 정중하게 말한 교수들도 있었지요. 그런데 한 교수가 불법으로 저를 받아주었어요.

테시오   무슨 의미인가요? 합법적으로는 실험실에 들어가지 못했다는 뜻인가요?

레비   못했습니다. 정말 그럴 수 없었습니다. 그래서 저는 물리학으로 보충 논문을 썼는데 졸업논문보다 훨씬 더 두꺼웠습니다. 물리학 실험을 했으니까요.

테시오   대학 성적기록부를 보관하고 계십니까? 시험은 몇 과목 보셨나요?

레비   스물다섯 과목입니다.

테시오   별 어려움 없이 다 통과하셨나요?

레비 그 시험들이요? 물론이죠. 아무 어려움 없었습니다.

테시오 간단히 말하면 싫어하는 과목이 전혀 없었다는 거군요.

레비 아, 더 좋아하고 덜 좋아하고의 차이는 있었습니다. 건축재료화학은 정말 별 흥미가 없었습니다. 이론화학과 실험화학에는 매력을 느꼈지요.

테시오 당신이 유대인이라는 상황 때문에 그 환경에 머물지 못한 겁니까?

레비 대학 환경이요? 아, 대학을 졸업하고 저는 일자리를 구했습니다. 아버지 병환이 심각해서 급히 일을 해야 했어요. 그래서 처음에는 발란제로에서, 그 뒤에는 반더에서 근무했습니다.

테시오 부친은?

레비 1935년에 장에서 악성종양이 발견되었습니다. 수술을 받았는데 1942년에 전이가 되었습니다.

테시오 그때는 당신이 아직 대학에 다닐 때인가요?

레비   1942년에는 이미 사회에 나와 있었습니다. 1941년 7월에 졸업을 했습니다.

테시오   논문은?

레비   정확히 말해 논문은 폰치오Giacomo Ponzio 교수 지도로 입체화학에 관해 썼습니다.●

테시오   논문 주제는 폰치오 교수가 정했습니까?

레비   제가 선택했습니다.

테시오   특별히 입체화학에 끌린 이유가 있습니까?

레비   입체화학 자체가 매력적이었습니다. 그러니까 각각의 형태와 내적인 역동성을 지닌 단단한 물체인 분자들의 화학이지요. 좋은 논문이었다고 말해야겠습니다. 실제로 우수하다는 평을 받았습니다. 보충 논문은 실험물리학으로 썼습니

● 이 논문은 「발덴반전L'inversione di Walden」이다. 자코모 폰치오는 1915년부터 1941년까지 토리노 대학교에서 정교수로 일반화학과 무기화학을 강의했다. 토리노 대학교의 일반화학연구소 소장이기도 했다.

다. 이미 말했지요.

테시오   폰치오 교수를 존경하셨습니까? 아니면 다른 교수들보다
       열려 있었기 때문에 지도 교수로 택하신 겁니까?

레비   아니, 아닙니다. 주제에 흥미를 느껴서 그 논문을 쓰기로
       했고 폰치오 교수가 곧 승낙을 한 겁니다. 아주 똑똑한 분
       이셨어요. 그분이 한 말을 또렷하게 기억합니다. "자네는
       아주 뛰어난 학생이지만 실험실 조교로 둘 수는 없네." 인
       종법 때문이었지요.

테시오   그러니까 인종법이 아니었다면 당신은 대학에서 학업을 계
       속했을 수도 있었겠군요.

레비   분명 대학에서 경력을 쌓았을 겁니다.

테시오   대학교는 마시모다첼리오 대로에 있었습니까?

레비   그렇습니다.

테시오   첨탑이 있던 건물들이죠?

레비 지금은 첨탑이 없습니다. 철거를 했어요. 대학 건물은 하나가 남아 있는데 생리학과 건물입니다. 화학과 건물은 철거됐습니다. 첨탑은 실제로는 소각 굴뚝이었지요.

테시오 당시 토리노에 대한 기억은 어떻습니까?

레비 대답하기가 약간 힘듭니다. 잘 기억이 나지 않습니다. 물론 지금보다 걸어 다니기가 훨씬 쉬웠어요. 걷는 게 아주 즐거웠죠. 자동차가 이렇게 많지 않았습니다.

테시오 이 도시에 살면서 다른 곳에 살고 싶다, 완전히 변화를 주고 싶다는 생각을 한 번도 해본 적이 없으십니까?

레비 항상 조건부 탈주였습니다. 다시 말하자면 간절히 여행을 떠나고 싶었지만 이곳으로 돌아오고 싶었지요.

테시오 당신은 밖에 나가는 것보다 집에 머무는 걸 더 좋아한다고 할 수 있을까요?

레비 그렇습니다. 저는 집에 머무는 걸 좋아합니다.

테시오 아직 그 무렵의 독서 이야기를 하지 않았네요.

레비 　고등학교 졸업 이후 말입니까? 당신이 제 선집 『뿌리 찾기 La ricerca delle radici』를 가지고 있을 텐데요…… 거기에 덧붙일 게 별로 없습니다. 아, 아버지가 책들을 무더기로 집에 가져오셨습니다. 예를 들면 셀린Louis-Ferdinand Céline. 프랑스 소설가. 『밤의 끝으로의 여행』으로 유명하며 속어와 비어를 곁들인 노골적인 문체로 독자들에게 충격을 주었다, 더스패서스John Dos Passos. 미국 소설가의 소설들이었죠…….

테시오 　셀린이요? 셀린 소설을 읽으셨습니까?

레비 　예, 셀린이요.

테시오 　셀린은 충격적이지 않습니까?

레비 　전 그런 문체를 좋아하지 않습니다. 무질서하고 어수선하다고 생각했습니다. 그래도 읽기는 했어요. 『마의 산』은…….

테시오 　전혀 다르지요.

레비 　전 이 책을 아주 좋아했습니다.

테시오 　병, 폐결핵, 요양원에 깊은 인상을 받았기 때문인가요?

레비 그렇기도 하고 아니기도 합니다. 저는 형이상학적 토론, 나 프타와 세템브리니의 토론이 흥미로웠습니다. 분위기가 흥 미로웠습니다. 등장인물이 흥미로웠어요. 병은 별 관심 없 이 지나쳤습니다.

테시오 당신은 어떤 독자였나요?

레비 자세히 들여다보는 독자입니다. 전 문장구조에 흥미가 있 습니다. 지난번 말했던, 문법에 대한 열정 때문이지요.

테시오 이 모든 게 당신의 '절제된' 문체와 어울리는 듯합니다. 예 를 들면 당신 문체의 관계절에 관한 연구를 해야만 할 것 같거든요.

레비 흥미롭겠는데요.

테시오 다시 토마스 만으로 돌아와서, 『마의 산』은 확실히 대학교 때 읽은 책이었군요.

레비 그렇습니다, 대학생 때였죠. 더스패서스나 포크너 같은 다 른 작가들은 잘 기억이 나지 않습니다.

로마에서(1986)

테시오   다른 작가들 속에 비토리니Elio Vittorini나 파베세도 들어갑니까?

레비   아니요. 다른 작가들의 책은 달올리오Dall'Oglio 출판사 책으로 읽은 것 같습니다.

테시오   그럼 비토리니나 파베세는?

레비   비토리니 책은 한 권도 가지고 있지 않았습니다. 파베세도 마찬가지고요.

테시오   나중에 발견하게 되었군요.

레비   그렇습니다.

테시오   그럼 어떤 작가들이 기억나십니까?

레비   글쎄요, 아주 형편없는 책들도 읽었습니다. 숄럼 아시Sholem Asch. 미국으로 이주한 폴란드 유대인 작가와 잭 런던, 키플링을 읽었습니다. 거의 의무적으로 읽었다고 해야 할 겁니다.

테시오   귀도 다 베로나Guido da Verona도 읽었습니까? 피티그릴리

Pitigrilli도?●

레비   아니요. 아버지가 그런 책들은 집에서 읽지 않았어요.

테시오   베른은?

레비   물론 베른은 읽었습니다.

테시오   부친이 살가리는 읽지 않으셨겠군요.

레비   살가리는 읽지 않았어요. 사실 저는 살가리 책은 딱 한 권
        읽기는 했는데 특별히 인상적이지는 않았습니다.

테시오   금지된 책들은 없었습니까?

레비   없었습니다. 제가 책을 산 게 아니라 아버지가 샀으니까요.

● 귀도 다 베로나는 귀도 베로나의 필명이며 피티그릴리는 디노 세그레Dino
Segre의 필명이다. 대중소설 작가인 두 사람은 에로티시즘과 유머를 적절히
사용해서 양차 세계대전 사이에 큰 성공을 거두었다.

30대 시절(1950년대)

레비   우리가 어디까지 이야기했지요?

테시오   대학 시절과 졸업하고 난 뒤까지입니다.

레비   무슨 이야기를 했고 어떤 이야기를 아직 안 했는지 잘 기억
        이 나지 않는군요.

테시오   상관없습니다. 다시 이야기하면 됩니다.

레비   제가 경험한 이야기는 대학을 졸업하자마자부터 시작됩니
        다. 아버지 병세가 심각했기 때문에 돈을 꼭 벌어야 했는데
        실험실을 차리자는 터무니없는 생각이 우리에게 떠올랐습
        니다.

테시오   『주기율표』에서 이야기한 내용인가요?

레비   아니요, 그 이야기는 하지 않은 것 같습니다.

테시오   「비소」에서 구두 수선공 이야기와 실험 이야기를 할 때 등
         장했던 것 같은데요. 그곳이 당신 실험실 아니었습니까?

레비   그건 맞습니다. 그러나 그 전에 일어난 일이 있습니다. 지
         금 말하려는 건 그 일입니다. 『주기율표』에 등장하는 인물
         과 같은 사람, 바로 같은 친구 에밀리오와 함께한 일입니
         다.

테시오   본명을 말해줄 있습니까?

레비   그럼요. 알베르토 살모니입니다. 알베르토의 부친은 잉길테
         라 대로의 도살장에서 나오는 피에 대한 독점권을 가졌고
         도살장 안에 한 구역을 차지하고 있었습니다. 우리는 거기
         에 실험실을 차릴 생각을 했습니다.•

• 알베르토 살모니는 『주기율표』의 「주석」에서 에밀리오로 등장하는 인물
의 본명이다. 캐럴 앤지어는 앞에서 언급한 레비의 자서전 『이중 관계―프
리모 레비의 삶』에서 그에 관한 이야기에 애정을 드러낸다.

프리모 레비와 알베르토 살모니(1940년 전후)

테시오   잉길테라 대로요?

레비   그렇습니다. 지금 이탈리아통신회사Società Italiana per l'Esercizio Telefonico가 있는 곳 말입니다. 예전에는 도살장이 있었어요.

테시오   오래된 도살장이죠.

레비   그렇습니다. 우리는 적정滴定 시약을 대량생산할 수 있는 실험실을 차렸습니다. 나중에 다른 사람들이 하게 된 일이었지요. 우리가 가지고 있는 도구만으로 그 일을 한다는 생각 자체가 미친 짓이었습니다. 우린 돈도 없었습니다.

테시오   적정 시약이란 무엇을 말합니까?

레비   예를 들면 황화수소나 수산화나트륨이나 과망간산염 등의 무게를 정확하게 재서 정확한 양을 소형 유리병에 담은 겁니다.

테시오   용도가 다양합니까?

레비   실험용으로 사용합니다. 다른 실험실에서 사용하지요. 적정에, 다시 말해 다른 물질들의 농도를 결정하는 데 사용합니다. 이 사업은 정말 금방 접었습니다…….

테시오 자꾸 말씀 도중에 끼어들어 죄송한데, 알베르토 살모니는 당신의 동창이었습니까?

레비 그렇습니다. 학교 친구였습니다. 우리는 같은 길을 걸었습니다. 아직도 친구이니 오랜 세월을 함께한 길동무입니다.

테시오 대학에서 알게 되었나요, 아니면 다첼리오에서?

레비 우리는 세스트리에레에서 돌아오는 버스에서 알게 되었습니다. 버스 안에서 눈에 띄게 잘생긴 청년이 노래를 멋지게 불렀습니다. 나중에 그게 알베르토였다는 것을 알게 되었습니다. 하지만 그가 유대인이라는 사실은 몰랐습니다. 좀더 자세히 관찰해보면 그가 샬롬shalom과 관련이 있다는 게 분명해집니다. 샬롬은 근본적으로 평화를 뜻합니다. 살로 몬Salomon. '솔로몬'의 이탈리아어 이름을 뜻하지요. 살로몬의 축약 형입니다. 저는 알베르토가 유대인이라는 사실을 몰랐습니다. 신체적으로나 행동 방식에서나 유대인으로 볼 만한 게 전혀 없었으니까요. 알베르토는 잘생긴 청년이었고 지금도 외모가 훌륭합니다. 인종법이 선포되었을 때 무심코 그가 제게 물었습니다. "그래, 넌 어떻게 대처할 거야?" 저는 그 질문이 건방지다고 생각해서 굉장히 화가 났습니다. "내가 알아서 할 거야. 아리아인인 넌 네 일이나 신경 쓰시지." 그러자 그가 말했어요. "아냐, 나도 유대인이야." 그랬죠. 이 실험실은 얼마 유지하지 못했어요. 제가 발란제로에 일자리를 제안받았기 때문입니다. 「니켈」에서 이야기했던 그 일입니다.

테시오   생각만 한 겁니까? 아니면 정말 실험실을 차린 겁니까?

레비   차렸습니다. 우리는 도살장 안에 정말 초보적이고 위험하게 장비를 설치했습니다. 구역질이 나는 곳이었습니다.

테시오   실험실을 운영한 기간은 얼마나 됐습니까?

레비   아마 한 달 정도였을 겁니다.

테시오   정말 아주 짧았군요. 연도를 정확히 말씀해주실 수 있습니까?

레비   졸업하던 해, 그러니까 1941년 가을입니다.

테시오   구역질이 났다고 하셨는데?

레비 그래요, 특히 그곳이 그랬습니다. 도살장 전체가 구역질 났지만 특히 그 구역에는 피가, 응고된 피가 사방에 넘쳤습니다. 『주기율표』에서 주석을 이야기하면서 알베르토의 아버지를 묘사했습니다. 알베르토는 아버지의 보호 아래에 있었습니다. 그의 아버지는 너그럽게 그 구역들 중 하나를 우리가 쓸 수 있게 해준 겁니다.

테시오 그는 후에 무슨 일을 했습니까?

레비 아버지요?

테시오 아니요, 알베르토 살모니 말입니다.

레비 여러 번 직업을 바꿨습니다. 지금은 특별히 하는 일은 없습니다. 그러니까 문구점을 가지고 있지만 사실상 은퇴를 했습니다.

테시오 그러니까 어쨌든 그건 단기간에 실행에 옮긴 첫 번째 프로젝트였군요.

레비 맞습니다.

테시오 다른 구상은 하지 않았습니까? 이미 뭔가 다른 아이디어를 생각하고 있었나요?

레비 아, 저는 뭔가를 탄생시킬 생각을 했습니다. 그래서 작은 실험실에서 일단 시작해 무슨 일을 할 수 있을지 보자고 생각한 겁니다. 제가 당신에게 말했던 그것, 분석용 시약을, 조제 물품을 만들어보기로 한 거지요. 누군가 주문할지도 모르니까요. 전시에는 그런 일들이 일어났습니다. 원재료가 상당히 부족했는데 그것들을 합성할 방법이 있었습니다. 전쟁 직후에 우리가 했던 일이 바로 그겁니다.

"인종법이 시행 중인 그런 상황에서
그것은 생존을 위한 경제활동이었습니다.
하루하루 버티는 생각만 했습니다"

테시오 좀 더 야심찬 계획을 실행에 옮겨야겠다는 생각은 해본 적이 없습니까?

레비 음, 전쟁 중이고 인종법이 시행 중인 그런 상황에서 그것은 생존을 위한 경제활동이었습니다. 하루하루 버티는 생각만 했습니다. 선견지명이 있는 사람들은 독일이 승리를 하든 패배하든 어쨌든 이탈리아에서 유대인들의 상황이 나빠질

거라고 예견했습니다. 유대인들은 몹시 위태로웠고 그래서 극도로 불안정한 상태에서 살아갔습니다.

테시오   꿈이나 계획이 허용되지 않았군요.

레비   그럼요. 아무 계획도 세울 수 없었습니다. 공기 중에서 비극적인 기운이 감지되었습니다. 어떤 비극인지 아는 사람이 없었습니다. 저는 어떤 상황인지 전혀 몰랐습니다. 하지만 어쨌든 그런 짧은 일탈이 끝난 뒤 저는 발란제로에서 지냈는데 그리 나쁘지 않았습니다. 아니, 일이 마음에 들었기 때문에 상당히 만족스러웠습니다.

테시오   발란제로의 일자리는 누가 제안한 겁니까?

레비   엔니오 마리오티입니다.• 5년인가 6년 전에 세상을 떠났습니다.

테시오   어떤 사람이고 무슨 일을 했습니까?

• 『주기율표』의 「니켈」에서 "중위"라는 인물로 등장한다. 우리의 인터뷰가 진행되기 5년 전인 1982년에 사망했다.

레비 반파시스트 집안 출신의 군인으로 중위였습니다. 그의 아버지는 피렌체에서 파시스트들에게 총을 쐈습니다. 그는 피렌체 출신이었습니다. 아주 똑똑하고 활력이 넘치는 남자였는데 군 복무를 몹시 싫어했습니다. 그는 저를 상당히 권위적으로 대했습니다. 그렇다 보니 제 태도는 거의 반항적이었습니다. 제가 니켈을 추출하는 '나의' 방식을 찾아냈는데 그는 그 사실을 상당히 불쾌해했습니다. 제노바에서 제가 이 발견, 말하자면 이 작은 발견을 하자 나를 코르닐리아노제노바의 한 지역로 보내버렸습니다. 코르닐리아노에 군 실험실이 하나 있었습니다. 저는 신분을 계속 감추었는데, 유대인이어서, 니켈을 풍부하게 얻어내는 다른 방법들을 실험하기 위해, 방법을 완성하기 위해 등등의 이유 때문이었습니다.

테시오 코르닐리아노에 오래 머물렀습니까?

레비 코르닐리아노에 두 달 정도 있었을 겁니다. 저는 제 이름으로 특허를 냈는데 굉장히 잘못된 행동이었습니다. 하지만 이미 말했듯이 비극적인 시기였기에 저는 이렇게 생각했습니다. 내 이름의 특허를 가지고 있으면 혹시 스위스나 다른 곳으로 도망가더라도 유용하게 쓸 수 있을지 몰라.

테시오   코르닐리아노에 사셨습니까?

레비   제노바에 살았습니다. 제노바에 친척이 있었어요. 그리고
         코르닐리아노에서 일했습니다.

테시오   그러니까 그곳에 한동안 살았는데 그 시기는 발란제로에
         고용되어 있던 시기와 일치하는 거지요.

레비   끝내고서입니다. 발란제로에서 근무를 한 뒤였습니다.

테시오   발란제로와의 관계가 이미 끝난 겁니까?

레비   아닙니다. 발란제로의 일을 위임받아서 했습니다.

테시오   그 후에는?

레비   그 후에 발란제로로 돌아왔고 니켈 일은 끝났습니다. 제가
         책에서 이야기했듯이 다른 곳에 니켈이 훨씬 풍부해서 구
         태여 연구를 계속할 만한 가치가 없었습니다. 그런데 사실
         이야기가 거기서 끝이 아닙니다. 니켈 시장 상황에 따라서
         는 발란제로에 니켈을 캐러 가서 여러 방법을 사용해 그 보
         잘것없는 암석에서 니켈 추출을 시도하는 사람들이 아직도

있으니까요.

테시오   성공적인가요?

레비   지금은 아닙니다.

테시오   불법적으로 하는 거지요?

레비   불법입니다. 그 사람들은 아마추어고 삼류 화학자들입니다. 제가 아는 한 큰 기업은 거기에 전혀 관심이 없습니다. 하지만 암석이 이미 잘게 부서져 있어서 암석을 분쇄하는 대부분의 과정이 이미 끝난 것이나 마찬가지입니다. 이게 매력적인 것이죠.

테시오   당신 생각에는 지금도 니켈을 추출하려는 연구가 결실 맺을 수 있다고 생각하십니까?

레비   전부 니켈의 국제가격에 달려 있습니다. 니켈 붐이 인다면 연구를 하고 다시 시도해볼 만합니다.

테시오   모든 게 예측 불가능한 시장에 달린 겁니까, 아니면 이미 어떤 경향이 유행하는 겁니까?

레비　말씀드릴 수 없습니다. 가끔 저를 만나 제가 묘사했던 옛날의 아이디어를 다시 실현시켜보라고 설득하고 싶어 하는 사람이 있다는 소문이 들리기는 합니다. 완전히 끝난 일은 아닌 거지요.

테시오　엔니오 마리오티 이야기를 다시 해도 되겠습니까?

레비　좋습니다. 이렇게 된 거죠. 그는 제가 발란제로 광산이 아니라 제 이름으로 특허를 낸 것을 부적절한 행위로 간주했습니다.

테시오　그럼 정말 특허를 가지고 계십니까?

레비　그럼요, 그럼요.

테시오　발란제로에서 얼마나 일했습니까?

레비　대략 6개월이었습니다.

테시오　그곳에서 만난 사람들 중 특별히 기억에 남을 만한 친분이 있던 사람이 있습니까?

레비 감독과의 관계를 생생하게 기억합니다. 활기찬 젊은이였어
      요. 하얀 피부의 튀니지 출신 프랑스 여인과 갓 결혼한 새
      신랑이었습니다. 감독은 제게 매우 친절했습니다. 제 상황
      을 알고 있었어요. 특히 1942년 3월에 제가 발란제로에 있
      을 때 아버지가 돌아가셨는데 그 뒤로 더욱 다정하게 대해
      줬죠. 체스 게임을 하자고 저를 자기 집에 초대했어요. 간
      단히 말해 우리는 정말 친했습니다.

테시오 잠깐만 다른 이야기인데요, 언제부터 체스 게임을 했습니
      까?

레비 아, 아주 옛날 아버지하고 같이 했습니다. 아버지가 가르쳐
      주셨지요. 처음에는 아버지가 이기다가 당연히 제가 이기
      기 시작했어요. 제가 아버지보다 더 잘해서가 아니라 집중
      력과 기억력이 더 좋은 나이여서지요……. 지금 제 아들이
      저를 이기듯이 말입니다.

테시오 감독 이름은 뭐였나요?

레비 마르키올리입니다.

테시오 성도 기억나십니까?

레비   아니요.

테시오   다시 만날 수 있습니까?

레비   아니요. 그도 몇 년 전 사망했습니다.

테시오   감독은 토리노에 살았나요?

레비   아닙니다. 계속 발란제로에 살았어요. 광산 총감독이 되었
        습니다. 아니, 발란제로에서 계속 산 게 아니라 이스프라로
        갔었어요. 무슨 이유에서였는지 기억이 나지 않습니다.

테시오   어쨌든 당신은 거의 신분을 감추고 그곳에서 생활하셨습니
        까?

레비   그렇습니다.

테시오   그런데 그건 무엇을 뜻할까요? 그곳에 살면서 당신 방은
        있었습니까?

레비   예, 작은 방이 있었습니다. 한 인부의 집에 가서 식사를 했
        는데 모두들 정말 친절했습니다.

테시오   사람들이 당신의 상황을 알았나요?

레비   짐작은 했습니다.

테시오   이야기를 하지 않았는데 말입니까?

레비   그렇습니다. 『주기율표』에 썼듯이 저를 도와주는 아가씨가
      있었는데 파시스트당 책임 위원의 딸이었습니다. 그 위원
      이 저를 점심 식사에 초대하기도 했습니다.

테시오   이탈리아에서만 일어날 수 있는 일들이었나요?

레비   이탈리아에서 전반적으로 일어날 수 있는 일이고 특별히
      산비토레 광산에서 일어날 수 있는 일이었지요. 그곳은 일
      종의 공화국이자 평지에서 5킬로미터 떨어진 고립된 장소
      였으니까요.

테시오   란초로 가는 도중 오른쪽에 자리한 그 광산을 봤던 기억이
      나는데 매력적인 곳이기도 했습니다.

레비   그렇습니다. 매력적인 곳이기도 하지요. 하지만 지금은 예
      전 같지 않습니다. 지금은 제가 묘사했던 분화구는 무너져

서 분화구 벽은 이제 없습니다. 드넓은 고원처럼 변했어요. 그사이에 석면이 유해하다는, 아니 적어도 위험하다는 사실을 규명할 수 있었기에 전 작업이 자동화되었습니다. 완전히 변한 거지요.

테시오　사실 당신이 제게 말씀해주신 적이 있는데 BBC에서 왔을 때 방송국 사람들이 그곳에 가고 싶어 하지 않아서 약간의 문제가 발생했었지요.

레비　그렇습니다.

테시오　어쨌거나 당신이 진정한 우정을 쌓았다고 말할 수는 없겠군요.

레비　아닙니다, 우정이 아니에요. 전 원치 않았습니다.

"전 유일한 화학자였어요.
저는 완전히 고립되어 있었지요"

테시오　불법적인 상황 때문이었습니까?

레비　그것도 그것이지만 누구와 친구가 된다는 겁니까? 전 유일

171

한 화학자였어요. 마리오티 중위는 일주일에 한 번 왔습니다. 저는 완전히 고립되어 있었지요.

테시오   광산이 군대에 속해 있었습니까?

레비   광산은 군수용품 생산을 총괄하는 병참부인 코제파그 Cogefag라는 기관에 속해 있었습니다. 석면은 전략적이고 전투적으로 중요한 재료로 간주되었지요. 그래서 군 감독관이 있었습니다. 그는 이따금 광산에 찾아왔는데 아무에게도 해를 입히지는 않았습니다.

테시오   그 일을 여섯 달 했다고 말씀하셨지요?

레비   그렇습니다. 1942년 1월부터 7월까지입니다. 그 사이 두 달은 코르닐리아노에서 지냈고요. 어쩌면 두 달이 아닐 수도 있습니다. 한 달만 그곳에 머물렀을지도 몰라요.

테시오   그 후에는요?

레비   밀라노에서 전화를 한 통 받았습니다. 두 가지 일이 있었습니다. 첫 번째는 당신에게 말했듯이 니켈 일이 끝나가는 중이었습니다. 그래도 어쨌든 광산에 계속 남아서 다른 일을 하라는 제안을 받았습니다. 하지만 밀라노에서 일자리 제안을 받았는데 이 회사는 반더였습니다. 오발틴우유 음료를 만들기 위한 분유, 또는 착향된 몰트와 분유의 상표을 만드는 바로 그 회사였습니다. 나는 당장 제안을 받아들였는데 밀라노에는 제가 머물 만한 친척집이 있었기 때문이기도 합니다.

테시오   그곳을 묘사한 시「크레셴차고Crescenzago」크레셴차고는 오발틴 회사가 있던 밀라노 지역도 있지요. 모임의 구성원들 이야기를 해볼까요? 당신과 또래였다고 아는데요.

레비   그렇습니다, 거의 또래들이었어요. 제 여자 사촌 하나가 밀라노에 살았습니다. 정확히 말하면 어머니의 사촌이지요. 그녀는 자신의 어머니와 함께 밀라노 중심가에 살고 있어서 제게 방 하나를 빌려주었습니다.

테시오   당신은 밀라노에서 크레셴차고까지 통근을 했나요?

레비   밀라노에서 트램이나 자전거를 타고 크레셴차고까지 갔습니다.

테시오   그 시절에 대한 기억은 어떻습니까?

레비   아주 좋습니다. 정말 풍요로운 시기였습니다. 우리는 모두 일곱 명이었어요.•

테시오   이름들을 하나씩 말씀해줄 수 있습니까?

레비   물론이죠, 말할 수 있습니다. 카를라 콘소니, 실비오 오르토나, 에밀리오 디에나, 건축가인 에우제니오 젠틸리, 저하고 같이 체포되었다가 죽은 그 여자, 제가 『이것이 인간인가』에서 모호하게 암시한 반다 마에스트로, 제게 방을 빌려준 육촌 그리고 저까지 해서 일곱입니다. 육촌은 알츠하이머를 앓다가 작년에 세상을 떠났습니다. 우리는 함께 노래를 부르며 즐거운 밤들을 보냈습니다. 다양한 노래를 불렀고, 암시장에서 사 온 식품으로 비밀 저녁 식사를 준비했습니다.

테시오   당신의 노래 실력은 어땠습니까?

레비   최악이었죠.

• 레비가 『주기율표』의 「금」에서 말한 일곱 명의 토리노 친구들이다. 지금까지 출간된 세 저자(이언 톰슨, 미리엄 아니시모프, 캐럴 앤지어)의 프리모 레비 자서전에서 복잡한 관계를 볼 수 있다.

테시오   어쨌든 기회가 있으면 노래를 했군요.

레비   그렇습니다, 노래를 했습니다. 우리가 즐겨 부르는 노래 목
        록이 있었어요. 노래를 부르며 저녁을 보냈습니다.

테시오   대개 어떤 종류의 노래들이었습니까?

레비   발도 파의 노래, 유대인 노래, 프랑스 노래 등등입니다.

테시오   그 가운데 몇 개 예를 들어주실 수 있을까요?

레비   특히 산에 관한 노래가 많았습니다. 예를 들어줄 수는 있습
        니다. 불러보지는 못하겠지만요.

테시오   노래를 불러달라고 부탁드리지는 않겠습니다.

레비   제목이 없는 노래들입니다.

테시오   그 노래들 가운데 첫 소절만이라도 들려주시겠습니까?

레비   "Il n'avait qu'une fille(그에겐 딸이 하나입니다)" "Enfants de la
        mort laissez-vous conduire(죽음의 자식이 그대를 몰아가네)".

175

프랑스 노래들입니다. 실비오 오르토나에게 프랑스 친구들이 아주 많아서 그 친구들이 실비오에게 프랑스 노래를 가르쳐준 겁니다.

테시오　그 모임의 리더는 누구였습니까?

레비　실비오 오르토나와 제가 서로 리더 역할을 했다고 할 수 있습니다. 실비오 오르토나는 정치적으로 아주 성숙했습니다. 저는 다양한 방면에 관심이 많았습니다. 당시 글도 하나 썼는데 그 후 누구에게도 말하지 않았습니다. 시간을 벗어나서 살며 시간 속으로 침투했다가 시간에 끌려가는 남자에 관한 이야기를 썼는데 끝을 내지 못했습니다. 그 글을 보관하고 있었지만 출판되지 않았고, 출판되지 않은 채 그대로입니다.

테시오　분량은 얼마나 됩니까?

레비　20페이지 정도입니다.

테시오　다시 써볼 생각은 없으신가요?

레비　없습니다. 아주 유치한 이야기예요. 글쓰기 연습입니다. 잘

못 쓴 게 아니라 글쓰기 연습에 불과해요.

테시오 간단히 말해서 당신 문체로 생각되지 않는 거군요. 문체적
        으로 불만족스러운 거지요.

레비   맞습니다. 『마의 산』 시대의 영향을 받았습니다. 산의 영
        향을 받았죠. 그 시절에는, 말하지 않았나요? 우리가 산
        에 미쳐 있었다고 말입니다. 남자들뿐만 아니라 여자들까
        지 모두 말입니다. 우리는 무시무시한 일들을 하곤 했습니
        다…….

테시오 밀라노에서 어디로 갔습니까?

레비   토요일 밤이면 우리는 자전거를 타고 코모 호수 근처의 그
        리냐산으로 갔습니다.

테시오 예, 그 이야기 들었습니다.

레비   50킬로미터 거리였죠. 토요일 밤에는 발라비오까지 가는
        게 식은 죽 먹기였던 것 같습니다. 거기서 카를로포르타 대
        피소까지 올라갔습니다. 대피소에서 자고 다음 날 그리냐
        정상까지 등산을 하곤 했습니다. 쉽지 않은 일이었습니다.

제 머리에 함몰된 곳이 있는데 아직도 그 부분을 만지면 알
수 있습니다.

테시오   만져봐도 되겠습니까?

레비   두개골이 움푹 들어간 게 느껴지지요? 어디서 날아온 돌을
맞은 자리입니다.

테시오   당신 말은 그럼 누군가…….

레비   다른 등반가들이지요. 틀림없이 로프를 타던 다른 등반가
들 중 누군가 제게 돌을 던졌습니다. 제 두개골이 거의 다
깨질 지경이었지요.

"단 하루 사이에 지금 내 몸에 있는
상처를 모두 입게 되었습니다"

테시오   혹시 벌써 말씀하셨는지 모르겠습니다. 상처에서 피가 많
이 났기 때문에 당신은 임시로 직접 응급처치를 해야만 했
지요.

레비   피가 너무 많이 났습니다. 아마 당신에게 말했을지도 모르

겠습니다. 피가 윗옷으로 흘러들어 바지로 흘러나왔어요. 피가 줄줄 흘렀습니다. 그래도 자전거를 타고 밀라노로 돌아갔습니다. 되는대로 상처를 틀어막은 상태였습니다. 이상한 일이지요. 단 하루 사이에, 토요일과 일요일 사이에 지금 내 몸에 있는 상처를 모두 입게 되었습니다. 당신에게 보이는 이 상처, 여기 이 굳은살……. 발라비오로 가려고 고정 기어를 달았는데 굉장히 뻑뻑했습니다. 그 뻑뻑한 고정 기어를 달고 페달을 밟았던 겁니다. 그런데 작은 트럭 한 대가 지나갔습니다. 나는 페달이 계속 돌아간다는 사실을 잊은 채 트럭 뒤에 바짝 달라붙었어요. 그래서 자전거에서 튕겨 나갔고 벽에 부딪쳤습니다. 엄지손가락이 찢어졌어요. 다음 날 돌에 맞는 일이 벌어졌고요.

테시오　　약간 부주의하셨던 것 아닙니까.

레비　　맞아요, 제가 약간 부주의했습니다.

테시오　　당신이 제게 말씀하신 대로 무모한 행동들을 했군요.

레비　　맞아요, 무모한 행동들을 했습니다.

테시오　　그렇기는 해도 리더로서의 역할과 신중하지 못한 행동들이 내성적인 성격을 극복하는 데 도움이 되지 않았습니까? 아닙니까?

레비 　어떤 의미에서는 그렇습니다. 하지만 어떤 의미에서일 뿐입니다. 여자들에게 감정을 표현하지 못하는 성격은 그대로 남아 계속되었으니까요. 그래요, 저는 반다 마에스트로와 소극적인 연애를 했고, 지난번 말했듯이 같이 체포되면서 끝이 났지요.

"저는 정치에 대해 아는 게 거의 없었고
지금도 마찬가지라는 사실을
말씀드려야겠습니다"

테시오 　어쨌든 영양가 있는 몇 해였군요.

레비 　7월 25일이 포함된 영양가 있는 시기였어요. 바돌리오Pietro Badoglio. 이탈리아의 군인·정치가. 1943년 7월 무솔리니가 실각한 후에 국왕으로부터 총리로 임명받고 군사정권을 수립. 같은 해 9월 연합군과 휴전협정을 체결하고 독일군에 선전포고를 하였다가 포함된 시기지요. 7월 25일에 각자 자신이 갈 길을 선택했습니다. 저는 정치에 대해 아는 게 거의 없었고 지금도 마찬가지라는 사실을 말씀드려야겠습니다. 저는 정치에는 재능이 전혀 없었지만 행동당1940년대 활동하던 이탈리아의 반파시즘 지하운동 단체을 선택했고 자신을 행동당원이라고 생각했습니다. 엄밀히 말해서 당원으로 등록한 건 아니었습니다. 저는 배포할 전단지를 가지고 다녔습니다.

테시오   행동당이 당으로 탄생한 것은 그 뒤였습니다.

레비   나중에 당으로 탄생했습니다.

테시오   그리고 너무 일찍 사라지기도 했지요.

레비   맞습니다. 너무 일찍 사라졌습니다. 그렇지만 그때도 이미 행동당으로 불렀어요.

테시오   실비오 오르토나는?

레비   실비오 오르토나는 공산주의자로 남았습니다. 지금도 그렇고요. 다른 사람들은 모두 행동당에 들어갔지요.

테시오   그러면 당신들은 정치 이야기를 했습니까? 조금이라도 했거나 아니면 아예 안 했나요?

행동당의 선전물

레비	들어보십시오. 바돌리오로 인해 상황은 급변했는데 그 상태는 오래 지속되지 못했습니다. 45일간이었는데, 우리는 당신은 거의 상상하기 어려운 방식으로 그 시간을 보냈습니다. 그러니까 무슨 일이 닥칠지에, 또는 일어날 게 불 보듯 뻔한 일들에 신경을 쓰지 않은 채 모두 같이 코녜로 휴가를 간 겁니다. 그렇기는 해도 브렌네로 고개이탈리아와 오스트리아 국경에 있는 고개에 이탈리아 사단이 주둔했다는 이야기를 들었습니다. 그들이 방어벽을 쳐서 독일인들이 내려오지 못하게 막을 거라고. 그래서 우리는 그 말을 믿었고 코녜에서 상당히 무모한 등산을 하곤 했습니다. 그러다가 한번은 실비오 오르토나가 추락을 해서 앞니가 깨졌답니다. 15미터 아래로 떨어졌지요.

테시오	심각한 사고였군요.

레비	심각한 사고였습니다. 그는 기적적으로 목숨을 구했습니다. 절벽에서 튀어나온 바위 덕분에 목숨을 구한 겁니다.

테시오	믿을 수 없는 일을 믿었다는 게 저로서는 여전히 믿기 어렵습니다.

레비	전형적인 일이지요. 그렇지만 우리만이 아니라 온 이탈리

아가 다 그랬습니다. 이탈리아 전역이 그런 상태였습니다. 그 7월 25일부터 휴전협정일인 9월 8일까지 이탈리아는 완전히 축제 분위기였습니다. 모두 광장에 나와 하루 종일 "만세"를 외쳤으니까요.

테시오   그래서 당신들 모두 그렇게 시간을 보냈군요.

레비   바돌리오가 정권을 잡은 45일간 그 어느 때보다 편안한 시간을 보냈는데 우리만 그런 것은 아니었습니다. 전쟁 중이기는 하지만—뒤늦게 깨달았는데—위험 상황이 분명하고 코앞에 닥쳐 있기는 했어도 이탈리아의 쿠어오르트kurort, 독일어로 온천, 휴양 시설 등을 가리킨다마다 사람들이 넘쳐났습니다.

"사실 우리는 독서를 많이 하지 않았습니다.
복잡한 우정 문제에
신경을 쓰느라 바빴으니까요"

테시오   밀라노에 머물 때 독서를 많이 했다고 예전에 말씀하셨지요.

레비   그렇습니다. 하지만 그때 무슨 책을 읽었는지 말하려 해도 하나도 기억이 나지 않습니다. 아마 『부덴브로크가의 사람들』을 읽었을 텐데 잘 기억이 나지 않습니다. 그리고 사실 우리는 그렇게 독서를 많이 하지 않았습니다. 복잡한 우정 문제에 신경을 쓰느라 바빴으니까요.

테시오　어쨌든 그 당시 당신은 처음으로 글을 쓰기 시작했습니다. 이미 그 이전에 써서 『주기율표』에 수록한 두 편의 단편소설은 별개로 하고 말입니다. 제 기억이 맞는다면 두 단편은 발란제로 시기로 거슬러 올라간 이야기지요.

레비　예……. 들어보세요, 여기서, 그런데, 고백을 하나 해야겠습니다.

테시오　녹음을 계속 할까요, 아니면 녹음기를 끌까요?

레비　좋을 대로 하십시오……. 그건 거짓말입니다. 제가 그 소설들을 쓴 건 사실이 아니에요…….

테시오　무슨 뜻입니까?

레비　그 단편은 나중에 썼는데 그 시기에 쓴 걸로 해야겠다는 생각이 들었습니다.

테시오　심각한 문제는 아닌 것 같습니다. 소설을 쓸 때 마땅히 일어날 수 있는 일 같습니다. 그리고 그 소설의 문체 때문에 우리는 글 쓰는 사람이 당혹스러워하고 경험이 별로 없다고 믿었습니다.

레비 그렇게 위장을 한 겁니다.

테시오 바로 그겁니다. 문학에서는 거짓을 진짜로 보이게 하는 게 정당한 일이지요.

레비 그렇습니다. 그 두 소설을 그렇게 했습니다. 나중에 쓰고 그 전에 쓴 것으로 만들었지요. 그리고 그 시 「크레셴차고」도 썼는데 전형적으로 유치한 시입니다.

테시오 그 시는 정말 밀라노 시절에 쓴 게 맞습니까?

레비 그렇습니다. 그 시는 정말 그때 썼습니다.

테시오 그러면 이번 질문은 대답을 하고 싶지 않으면 안 하셔도 됩니다. 당신이 거짓이라고 생각하는 것을 거짓이라고 밝히기가 왜 불편하다고 생각하십니까?

레비 유추 때문이죠. 모두에게 말했고, 말한 것을 썼으니까요.

테시오   하지만 이건 뚜렷이 드러나는 초자아의 산물이 아니잖습니까?

레비   아마도요. 어쨌든 저는 두 단편소설을 썼습니다. 『주기율표』와 같이 쓰지는 않았고 각각 썼습니다. 그리고 '수은'과 '납'이라는 제목으로 『주기율표』에 포함시켰습니다.

테시오   밀라노 시절에는 「크레셴차고」만 썼습니까? 다른 시도 썼습니까?

레비   아니요, 다른 시는 한 편도 쓰지 않았습니다.

테시오   다른 글을 쓸 계획도 없었나요?

레비   아까 말했듯이 이야기 하나를 쓰기 시작했고 끝내지 못했습니다. 더 발전시키지도 못했고요.

테시오   당신 친구들도 글을 썼습니까?

레비   제 친구들도 글을 썼습니다. 이건 사실입니다. 실비오 오르토나는 철학 논문을 썼고 에우제니오 젠틸리는 이른바 말하는 반反소설을 썼습니다. 제 육촌인 아다 델라 토레는, 아까 이름을 말하지 않았군요…….

테시오 〈벨파고르〉지에 당신의 비판적 초상화에 대해 기고했을 때 제게 이름을 말해주셨습니다…….

레비 그래요, 아다는 시를 썼고 달올리오 출판사에서 근무했습니다. 그러니까 저는 상당히 문학적인 환경에서 생활했지요. 그래서 무엇인가를 쓰는 게 의무처럼 여겨졌습니다.

테시오 그러니까 당신의 내적 충동, 개인적인 절박함 때문에 글을 쓴 게 아니었군요?

레비 그렇습니다. 그건 모방에 의한 겁니다.

테시오 글을 써야겠다는 생각을 이미 하고 있었기 때문이기도 하겠지요. 고등학교 때 글을 써본 적 있습니까? 시도를 해본 적도 없습니까?

레비 없습니다. 한 번도 없습니다.

테시오 우리가 이야기하고 있는 이 시기는 얼마나 지속되었습니까? 당신은 발란제로에 1942년 6월까지 있었습니까?

레비   그렇습니다. 밀라노에는 파국 때까지, 그러니까 1943년 9월
       8일까지 있었습니다.

테시오   9월 8일에 코네에 있었습니까?

레비   아니, 아니요, 벌써 밀라노에 돌아와 있었습니다.

테시오   반더의 작업 환경은 어땠습니까?

레비   이미 『주기율표』의 「인」에 썼기 때문에 특별히 덧붙일 건
       없습니다. 게다가 벌써 그 이야기는 충분히 한 것 같습니
       다. 아주 무미건조한 불모지였습니다. 아직도 저와 친한 여
       자 친구가 있었지요. 이 친구는 책에는 쓰지 않았는데 심각
       한 장애가 있었습니다. 그렇게 태어나서 평생 그랬습니다.
       하지만 그래도 활기차게 살았습니다.

테시오   철 의폐鐵製 호흡보조기로 사는 소녀에게 그렇게 관심을 가진
       게 그 때문이기도 했나요? 그 소녀 이름이 뭐였지요?

레비   로산나 벤치Rosanna Benzi 말입니까? 아닙니다. 그 아이가 먼
       저 제게 연락을 했습니다. 정말 독특한 경우지요.•

테시오 이런 상황이 9월 8일까지 지속되었다고 말씀하셨지요. 그 다음은?

레비 간단히 말하자면 독일군들이 곧 밀라노에 도착했습니다. 9월 10일이었던 것 같습니다. 나는 수페르가 언덕 근처에 피신해 있던 가족들에게로 돌아갔습니다. 외할아버지 소유의 농장이 하나 있었습니다. 대부분 수도원으로 사용하던 곳이었습니다. 우리 대가족은 그곳에서 묵었습니다. 다시 만난 우리 가족은 어떻게 해야 할지 생각했습니다. 그러고 어머니와 동생과 나는 지인들이 있는 발다오스타로 가기로 결정을 했습니다. 발다오스타-생뱅상에서 콜드주에 있는 외딴 여관에 묵으라고 조언해줬습니다. 이 여관은 지금도 있습니다. 지금은 도로가 거기까지 이어지지만 당시에는 길이 없어서 1000미터를 걸어 올라가야 했습니다. 어머

● 로산나 벤치는 열네 살도 되기 전에 연수성 소아마비를 앓게 되어 평생 철 의폐를 달고 살아야만 했다. 그렇지만 그녀는 자신이 창간한 〈리알트리 Gli Altri〉라는 잡지와 저서 들을 통해서 장애인의 성 문제같이 까다로운 문제들을 과감하게 다루며 지치지 않고 장애인들을 위한 노력을 했다. 그녀의 저서 중 『생활의 악습Il vizio di vivere』(1984), 『방 안에서 '둥글게 둥글게' 놀기Girotondo in una stanza』(1987) 같은 몇 권의 저서는 큰 반향을 일으켰다. 프리모 레비는 그녀에게 편지를 썼고 〈라스탐파〉지의 글에서 그 이야기를 한다.

니와 동생과 저는 그곳에 묵으며 추이를 지켜보았습니다. 곧 각지에서 대원들이 올라오기 시작했습니다. 그들 중에 학교 동창이라고 할 만한 사람이 한 명 있었습니다. 나보다 한 살 어렸지요.

테시오　다첼리오 동창입니까, 대학 동창입니까?

레비　다첼리오입니다. 우리는 잠시 알은척을 못했습니다. 그러다가 그렇게 모르는 체하는 게 어리석은 코미디 같아서 서로 유격대원이라고 밝혀야겠다는 생각이 들었습니다. 하지만 모든 게 너무나 불안정하고 급조되었으며 초보적이었습니다. 우리는 접촉이 전혀 없었습니다. 우리는 뭔가를 해야 한다고, 무기를 들어야 한다고 생각했습니다. 하지만 우리에겐 무기가 없었어요. 우리는 접촉을 시작했습니다. 우리 주위로 열두어 명 정도의 청년이 모였습니다. 그들 역시 우리처럼 제대로 준비가 되어 있지 않았습니다. 조금이라도 군대 경험이 있는 사람은 한 명뿐이었습니다.

테시오　어떤 청년들이었나요?

레비　징집이 되어 군대에 가야 했지만 가지 않은 청년들이었습니다. 한 명은 유대인이었습니다.

테시오   어디서 그들을 데려왔습니까?

레비   그들이 찾아온 겁니다. 여관으로 올라왔어요. 은신처를 찾
    아 올라왔습니다.

테시오   그 여관 이름은?

레비   아메였습니다. 여관이 아니라 집이 다섯 채 모여 있는 곳이
    었습니다.

테시오   아직도 있습니까? 다시 가본 적 있습니까?

레비   있습니다.

"모든 일이
다 까마득하고 희미합니다"

테시오   자, 그러니까 곤경에서 벗어날 해결책을 찾아 산으로 올라
    온 청년들에 대해 말씀하셨습니다.

레비   그들 역시 무장을 하고 저항하겠다는 막연한 생각들을 가
    지고 있었습니다. 몇 명은 리볼버 권총을 가지고 있었어요.

우리도 기관총 한 대를 구했습니다. 누가 가져왔는지 기억은 나지 않습니다. 모든 일이 다 까마득하고 희미합니다.

테시오 희미하긴 하지만 당신들은 소규모 유격부대를 조직하고 싶어 했지요.

레비 그렇습니다.

테시오 다른 부대와 합류하기 위해 누군가와 연락을 취해보려 했습니까?

레비 그럼요, 그럼요. 연락을 취해보려 했고 다른 대원들을 찾았습니다. 옆 계곡인 발다야스에 조직이 잘된 큰 부대가 있었는데 그 부대가 이브레아 막사를 공격하는 일이 발생했습니다. 포로를 잡아오고 누군가를 죽이기도 한 것 같습니다. 그 결과 대규모의 보복이 가해졌습니다. 군인 300명이 이브레아에서 출발했습니다. 그들은 협공 작전을 펼쳤습니다. 생뱅상까지 올라왔고 우리까지 찾아낸 겁니다.

테시오 완전히 무방비 상태에서 발각된 겁니까?

레비 완전히 무방비 상태에서요.

테시오　낮이었나요, 밤이었나요?

레비　새벽이었습니다.

테시오　당신들은 자고 있었나요?

레비　자고 있었습니다.

테시오　어떤 일이 벌어졌습니까?

레비　몇 명이 체포되었습니다. 몇 명은 늦지 않게 사태를 파악해서 달아나는 데 성공했습니다. 저는 침대에 누워 있었습니다. 리볼버 권총을 하나 가지고 있었는데 그들이 찾아내지 못했습니다. 저를 아오스타이탈리아 서북쪽 끝에 있는 발다오스타주의 주도로 데려갔고 아오스타에서 신문을 받았습니다. 거기서 무엇을 했는지, 무엇을 하러 거기 있었는지 물었고 저는 유대인이라고 말했습니다. 바보같이 그 사실을 말한 겁니다.

테시오　무슨 이유로 그 말을 했을까요?

레비　기억을 재구성하기가 어렵습니다. 부분적으로는 내가 가진 서류들이 다 가짜라서, 너무 가짜라서…….

테시오   버틸 수 없었습니까?

레비   바로 그들, 독일인이 아니라 파시스트인 그들이 이렇게 말
했습니다. "네가 유격대원이면 널 총살할 것이다. 하지만
유대인이라면 수용소가 있는 카르피에밀리아로마냐주의 모데나에
있는 도시. 포솔리 수용소가 이곳에 있었다로 보낼 것이다. 전쟁이 끝날
때까지 거기 있어야 한다." 그러니까 나의 어리석음과 맹
목성이 한몫한 겁니다. 하지만 당신에게 말했듯이 어떤 게
더 나은 행동이었는지를 뒤늦게 깨달았지요……. 나는 살
로 정부제2차 세계대전 말기에 무솔리니가 살로에 세운 정부가 안정적일
것이고 독일의 개입도 없으리라고 믿었습니다……. 미래를
예측해보았던 겁니다……. 그리고 또 약간의 자존심도 포
함되어 있었습니다.

테시오   제가 묻고 싶은 게 바로 그것입니다. 어떤 소속감도 작용을
했습니까?

레비   우리도 필요할 때는 우리 스스로를 방어할 수 있고 방어하
고 싶어 합니다. 저는 무엇보다 제가 소속되어 있던 군부
대의 이름을 꾸며내야만 했는데 어떻게 해야 할지 몰랐어
요. 저는 군대에 갈 나이였고 군대에 가야 할 상황이었는
데 왜 군 복무를 하고 있지 않았겠습니까? 이유는 하나였

습니다.

테시오   왜 군 복무를 하지 않았습니까?

레비   인종법이 선포되었으니까요.

테시오   아오스타에 얼마나 구금되어 있었습니까?

레비   체포되었던 12월 13일부터 포솔리 수용소로 이송될 때까지
였습니다. 제 책들에서 찾아볼 수 있을 겁니다. 2월 22일이
었던 것 같습니다.

테시오   아오스타에만 계속 있었습니까?

레비   아니, 아닙니다. 약 한 달 정도 아오스타의 막사에, 감옥 지
하에 있었습니다.

테시오   굉장히 추웠겠습니다.

레비   그렇습니다. 추웠어요.

테시오   처우는 적절했습니까?

레비	교도소 시스템이었습니다. 점심과 저녁에 수프를 배급했고 야외 활동 시간이 정해져 있었고 변기통이 있었습니다.
테시오	각자 독방이었나요, 한방을 썼나요?
레비	처음 며칠은 한방을 썼는데 그 뒤 헤어졌습니다.
테시오	당신은 독방을 썼나요?
레비	네, 독방이었습니다.
테시오	서로 정보를 주고받지 못하게 독방에 가두었다고 생각하십니까?
레비	그렇습니다. 그게 이유입니다.
테시오	그러면 한 달 뒤 포솔리로 이송되었습니까? 어떻게 포솔리에 갔습니까?
레비	기차로 갔습니다. 나는 헌병을 매수해보려고 했습니다. 헌병들이 우리의 이송을 맡았습니다. 그 헌병들 중 한 사람을 매수해보려고 했지만 성공하지 못했습니다.

테시오 딱 잘라서 거절을 당했습니까?

레비 아, 처음에는 망설이더니 안 된다고 하더군요. 저를 믿지 못했습니다.

테시오 수용소 간수들과의 관계는 어땠습니까?

레비 좋은 사람들이라고 말할 수 있습니다. 대부분의 일을 눈감 아줬습니다. 게다가 우리들 중 누군가 치과 치료가 필요하 자 모데나까지 같이 가주기도 했습니다. 수용소 시스템은 좋았습니다. 모든 걸로 미루어서 전쟁이 끝날 때까지 실제 로 그렇게 유지되리라고 생각할 수 있었습니다. 그렇지만 우리를 추방하기 조금 전에, 그러니까 2월 중순경에 SS나치 스 친위대. Schutzstaffel의 약자가 도착해서 수용소 관리에서 이탈 리아인들을 배제했습니다. 그리고 며칠 뒤 우리를 기차에 태웠지요.

테시오 병참기지라는 측면에서 봤을 때 수용소는 어떻게 구성되어 있었습니까?

레비 수용소는 아직도 그 자리에 있습니다. 아주 위생적으로 벽 을 쌓은 막사들의 가운데에 부엌이 있었습니다. 날씨는 좋

아우슈비츠로 이송되기 전에 임시 수용됐던 포솔리 수용소

있습니다.

테시오   넓었습니까?

레비   아니, 아니요. 0.5제곱킬로미터였습니다. 예전에 영국군 전쟁 포로들을 수용하던 곳이었습니다.

테시오   당신이 해야 할 임무가 있었나요? 뭔가 일을 했나요?

레비   아니요.

테시오   수용소 체제는 자원자로 운영되었습니까? 청소, 요리는요?

레비   그렇습니다, 요리와 청소 자원자가 있었습니다. 제 기억이 틀리지 않는다면 저는 청소를 좀 했습니다.

테시오   그러면 남은 시간에는?

레비   아무것도 하지 않았습니다.

테시오   말 그대로 아무것도 하지 않았습니까? 책도 돌려 보지 않았나요?

레비　　봤습니다…… 아니요, 기억나지 않아요. 저는 아이들을 가르쳤습니다. 이탈리아어와 라틴어와 수학을 가르쳤습니다.

테시오　　그 일을 계속하셨습니까? 일종의 학교를 연 겁니까?

레비　　작은 학교였습니다.

테시오　　여러 사람이 그 일을 했습니까? 아니면 당신 혼자였나요?

레비　　두세 명이 있었습니다.

테시오　　아이들이 교육을 받지 못하기 때문에 그것을 보충하려고 당신들이 수업을 계획한 겁니까?

레비　　그렇습니다. 모든 게 그 수용소 생활이 지속되리라고 착각했기 때문에 일어난 일이었습니다.

테시오　　그러면 책과 공책은 급조를 했습니까? 아니면 구할 가능성이 있었습니까?

레비　　간수들이 주문을 할 수 있었습니다. 수용소에서 직접 할 수 있었어요. 모데나에 주문을 할 수 있었습니다.

"탈출을 시도하지 않았던 점을
제가 저지른 수많은 잘못 중의 하나로
기록해야 할 겁니다"

테시오   탈출할 수 있게 도움을 준 사람은 전혀 없었습니까?

레비   포솔리에서는 아무도 탈출하지 않았습니다. 우리는 그럴 필
요가 있다고 생각하지 않았습니다. 우리는 모두 부르주아였
어요. 탈출을 하려면 강한 모험심이 필요했겠지만 난 탈출
이 불가능했다고는 생각하지 않습니다. 우리는 모두, 아니
거의 모두가 가족과 함께 수용되어 있었습니다. 친구들 또
는 친척들을 그곳에 내버려둔 채 혼자 탈출하는 것은 우리
생각에는 꼭……. 하지만 탈출을 시도하지 않았던 점을 제
가 저지른 수많은 잘못 중의 하나로 기록해야 할 겁니다.

테시오   탈출했다면 어디로?

레비   글쎄요, 그건 그리 중요한 문제가 아닙니다. 밖으로 나가면
모데나로 갈 수도 있었고, 사제를 찾아가거나 접선을 할 방
법을 찾았을 겁니다.

테시오   인간관계에 대해서 말해보자면, 포솔리에서 알게 된 사람

이 있습니까?

레비 크로아티아 출신의 굉장히 호감 가는 유대인들을 알게 되었습니다. 대단히 용감했고 앞을 내다보는 지혜가 있어서 제게 이렇게 말했습니다. "우린 여기서 나가지 못할 거야."

테시오 당신의 책에서 포솔리 이야기는 많이 하지 않았지요.

레비 주저하게 됩니다…… 주저하게 돼요.

테시오 포솔리보다 아우슈비츠 수용소 이야기를 훨씬 더 많이 하셨습니다.

레비 맞습니다. 주저하게 됩니다. 지난번 말한 그 여인 때문이기도 합니다.반다 마에스트로를 가리킨다.

테시오 그러면 한참 건너뛰어보도록 하지요. 아우슈비츠 이후에 대해 이야기를 해보지요. 직업과 일에 관한 주제로 다시 가 보지요.

레비 수용소에서 돌아와서 저는 몬테카티니에서 곧 일자리를 찾았습니다. 몬테카티니에서 일을 구한 겁니다. 몬테카티니에 속한 아빌리아나 지역의 두코DUCO. 뒤퐁사-몬테카티니 공장이었습니다. 유쾌하지 못한 곳이었습니다. 크고 음산한 건물이었습니다. 바람이 사방에서 들어왔어요.「크롬」에서의 일화가 있을 때까지는 아무도 제게 신경을 쓰지 않았습니다.

테시오   그곳에서 어떤 위치였습니까?

레비   저는 연구소 화학자였습니다.

테시오   그 이야기를 했었죠. 기차를 타고…….

레비   그렇습니다. 가끔 자전거로 출근하기도 했어요. 아빌리아나에서 근무하는 동안 약혼을 했습니다.

테시오   당신 인생에서 가장 행복한 시기였군요. 그런데 두코에서는 얼마나 근무하셨습니까?

레비   1946년 2월부터 1947년 6월까지입니다.

테시오   무슨 이유로 그곳을 떠나게 되었습니까?

레비 거기서 나오게 나를 부추긴 게 무엇이었느냐고요? 어리석음이었습니다. 다시 말하면 알베르토 살모니가 함께 일해보자고 새롭게 제안을 해왔습니다. 그것도 실수였습니다. 그게 꼭 실수였다고만은 말씀드릴 수 없겠군요. 제가 두코에서 계속 일했다면 코도뇨로 자리를 옮겼을 테고 몬테카티니와 몬테디손에서 겨우겨우 승진을 했겠지요. 코도뇨에서 자리를 잡아야만 했다면 시바SIVA의 제안을 받아들이지 않았을 겁니다. 그 자리는 신의 한 수였습니다.

테시오 어떤 판단이 실수였다고 평가하는 것은 늘 어려운 일입니다.

레비 그래도 그 일은 실수였습니다.

테시오 살모니와 시작한 새로운 사업은 이전보다는 조금 더 성공적이었습니까?

레비 조금 더 나았지요. 약간의 돈을 벌었고 뭔가를 했으니까요.

테시오 이번에는 어느 지역이었습니까?

레비 메세나가 43번지…… 아니, 짝수였는데, 42번지입니다.

테시오   방은 몇 개였나요? 아파트였나요?

레비   방 하나에 발코니가 하나 있었습니다. 필요할 때는 다른 방
          을 더 사용할 수 있었습니다.

테시오   설비는 어떻게 했습니까? 반으로 나누었습니까? 당신은 당
          신 몫을 투자했습니까?

레비   전 아무것도 없었습니다. 저는 월급을 받았습니다. 알베르
          토 살모니가 전부 지불했어요. 월급이 적었습니다. 그래서
          시바로 이직하라는 제안을 받았을 때 당장 받아들였습니
          다.

테시오   두 사람이 동업을 했다고 생각했습니다.

레비   전 돈이 없었습니다.

테시오   그 뒤 살모니는 어떻게 했습니까? 일을 접었습니까?

레비   그 친구도 일을 접었습니다. 몇 달 더 했지만 그 친구도 취
          직을 했습니다,

테시오   시바의 일자리를 제안한 사람은 누굽니까?

레비   제 친구의 아버지인 엔지니어 노르치가 중간에서 애를 써
       주셨습니다. 시바의 사장과 친구였지요.

테시오   시바의 사장이라면…….

레비   페데리코 아카티입니다. 그가 젊은 화학자를 찾고 있어서
       곧 제게 자리를 주었습니다.

테시오   곧 감독이 되었나요?

레비   아닙니다. 저는 제일 낮은 직급으로 회사에 들어갔습니다.
       연구소 화학자였지요.

테시오   언제 일입니까?

레비   1947년 일입니다. 아니, 1948년 2월이었습니다.

테시오   그렇게 해서 세티모토리네제로 출근을 하기 시작했군
       요…….

레비   아니요, 당시에 시바는 토리노에 있었습니다. 레지나 대로

에 있었지요.

테시오   대략 어디쯤입니까?

레비   서쪽 끝, 사격장 근처, 마르티네토 근방이었습니다. 시바는
1955년까지 그곳에 있었습니다. 그러다가 세티모로 옮겼고
저도 함께 갔습니다.

테시오   그때 이미 승진을 했지요?

레비   기술 관리자가 되었습니다. 선임자가 사망했거든요.

테시오   선임자 이름은?

레비   오스발도 자노티입니다. 나이 많은 노련한 화학자였어요.
지금 제 나이 정도였습니다. 당시 제 눈에는 몹시 나이가
많아 보였지요.

테시오   그러니까 기술 관리자가 되었군요. 제 생각에 기술 관리자
와 업무관리자 사이에는 차이가 있었을 텐데 어떤 차이였
을까요?

레비   아, 총괄 관리자도 있습니다. 기술 관리자는 실제로 생산에
       책임을 진다는 뜻입니다.

테시오   몇 년에 총괄 관리자가 되셨습니까?

레비   1961년입니다.

테시오   당신은 거기서 정년퇴직할 때까지 일을 했습니까?

레비   1975년에 은퇴했고 자문 위원으로 2년 더 근무했습니다.

테시오   1955년 공장이 세티모로 이전을 하고 당신은 공장에 어떻
       게 출퇴근하셨습니까? 「치냐가Via Cigna」라는 시에서 그 이
       야기를 하셨지요?•

• 이 시는 『불확실한 시간에』에 수록되었다. "이 도시에 빛바래고 낡은 거리
는 없다. / 인도에 안개와 밤이, 그 그림자들이 드리워진다. / 전조등 불빛이
어둠을 가로지른다. / 마치 무無에 빠져 있는 듯한, 아무것도 아닌 / 덩어리
들, 우리와 닮기도 했다. / 태양은 이제 존재하지 않을지도. / 어둠이 영원할
지도. 아니 / 어느 날 밤에는 플라이아데스 별들이 환히 웃으리라. / 우리를
기다리는 영원은 이것일지도 모른다. / 하느님 아버지의 품이 아니라 클러
치. / 브레이크, 클러치, 1단 기어 / 영원은 신호등일지도 모른다. / 삶을 소
비하는 게 더 나을지도. / 불꽃처럼, 하룻밤 만에 모두." 아래쪽에 "1973년 2
월 2일"이라고 적혀 있다.

레비　　늘 자동차를 운전하고 다녔습니다. 한 번도 대중교통을 이용하지 않았어요.

테시오　　어떤 자동차를 탔습니까? 처음 산 차 말입니다…….

레비　　첫 차는 피아트 자르디네타였습니다. 그 후 아피아를 구입했다가 풀비아로 바꿨고, 그다음에는 아우토비안키로 바꿨습니다.

테시오　　대형차는 아니었던 것 같습니다.

레비　　그렇습니다. 제일 큰 차가 풀비아였습니다.

테시오　　공장에서 인생의 대부분을 보내셨군요.

레비　　30년입니다. 1947년부터 1977년까지니까요.

테시오　　성년기의 중요한 시기였습니다. 그곳에서의 기억은 얼마나 남아 있습니까? 당신이 단편소설에서도 부분적으로 이야기했지만 일상적인 날들은 어떻게 보냈는지 말씀해주시겠습니까?

레비   공장에 도착하면 아무 문제가 없는지 전 부서를 한 바퀴 돌 아보았고…….

테시오   그런데 말씀 중에 죄송하지만, 항상 일찍 기상했습니까?

레비   그렇습니다.

테시오   아침 일찍 일어나는 것을 좋아하셨나요?

레비   일찍 일어나는 게 습관이 되었습니다. 8시면 세티모에 도착 해 있었어요.

테시오   그러니까 8시부터 일과가 시작되었군요.

레비   전 부서를 한 바퀴 돌아보고 밤사이에 일어난 일을 보고받 았습니다. 밤에도 야간 교대 근무를 했으니까요. 그리고 우 편물을 확인하고 답장을 하고 대리점 대표들을 맞았습니 다. 공장에서 식사를 했습니다. 직원 식당이 있었어요. 다양 한 일들이 벌어졌고 온갖 문제가 발생했습니다. 실험실에 서 하루를 보내는 일도 자주 있었는데, 새로운 니스를 만드 느라 실험실을 떠난 적이 없었습니다.

테시오　당신은 다른 사람의 작업을 신뢰하는 편입니까?

레비　저는 다른 사람의 작업을 거의 신뢰하지 않았습니다. 적어도 초기에는 그랬지요. 그러다가 1965년에 저보다 젊은 화학자를 고용하게 되었습니다. 그러니까 저보다 최신 정보를 훨씬 더 많이 아는 화학자였어요. 그래서 그에게 대부분의 일을 맡겼습니다. 그사이 저는 출장을 정말 많이 다녔습니다. 처음에는 사장과 차로 다녔습니다. 사장은 대형자동차를 열렬히 좋아하는 사람이었지요.

테시오　약간 겁이 났습니까?

레비　아니요, 아니요. 전 운전을 아주 잘했습니다. 대개는 독일로 출장을 갔는데 스페인에 갈 때도 있었습니다. 우리는 노르웨이까지도 갔는데 모두 자동차로 갔습니다. 제가 독일어와 영어를 할 수 있었기 때문에 통역자 겸 비서 역할을 했습니다. 상당히 기분 좋은 기억들입니다. 공장에서는 사장과 순수하게 고용인과 피고용인의 관계였지만 출장 중에 사장은 친구 같았고 사람과 잘 어울렸습니다. 친절했고 편의도 봐주어서 가끔 제가 딴 일을 볼 수 있게도 해주었습니다. 예를 들면 『이것이 인간인가』 독일 출판사와 면담을 하러 프랑크푸르트에 가게 해주기도 했습니다.

테시오   그러니까 사장은 작가로서 당신을 높게 평가해주었군요?

레비   그렇습니다. 하지만 말은 없었습니다. 그는 거의 말이 없는
        사람이었습니다.

테시오   혹시 그 점 때문에 불편하지는 않았나요?

레비   본능적으로 그는 두 가지 일을 구분해서 생각했습니다. 당
        신은 화학자니 화학자 일을 하시오. 내가 사용하는 시간에
        대한 대가를 지불할 테니.

테시오   출장에서 돌아오면 다시 평상시의 관계로 돌아갔군요.

레비   그렇습니다.

테시오   그 이상의 친분은 없었고요.

레비   거의 없었습니다.

테시오   소련 여행도 그와 함께 갔습니까?

레비   마지막에는 독일이든 러시아든 혼자서도 몇 번 여행을 갔

『이것이 인간인가』 이탈리아 초판 표지(데실바, 1947)

습니다. 통역자이자 비서와 함께했습니다. 제 친구이기도
했는데 그녀는 아주 뛰어나서 외교적인 관계, 그러니까 러
시아인들과 그런 관계를 잘 유지했습니다.

테시오   독일, 영국, 노르웨이, 소련…….

레비   독일에는 정말 자주 갔습니다. 아마 스무 번 정도는 갔을
겁니다. 영국에는 서너 차례 갔고 스페인, 노르웨이는 한
번씩 방문했습니다. 러시아에 세 번 갔고 오스트리아에 한
번 갔습니다.

테시오   독일에 처음 간 게 언제입니까?

레비   제 기억이 맞는다면 1951년이었습니다.

"제가 잘못 행동하는 것 같았습니다.
독일인들과 사업을 하지 말았어야 한다는
생각이 들었지요"

테시오   특별한 인상을 받았습니까?

레비   그럼요, 그럼요. 특별한 인상을 받았습니다. 무너진 건물들

의 잔해가 그때까지 쌓여 있었습니다. 저는 별로 가고 싶지 않았어요. 제가 잘못 행동하는 것 같았습니다. 독일인들과 사업을 하지 말았어야 한다는 생각이 들었지요.

테시오   공장 이야기를 조금 더 해보지요. 기억에 남을 만한 사람들이 있었습니까?

레비   저는 공장장인 "갑판장"과 진짜 친구가 되었습니다. 베롤렌고 출신 청년이었지요. 최고의 청년이었습니다. 용기 있고 똑똑하고 남의 일을 잘 도와주고 직공들과도 잘 지낼 줄 알았습니다. 사투리를 썼는데 비극적으로 사망했어요. 공장이 아니라 공사를 위해 임시로 설치한 가설물에서 추락해서 사망했습니다.

테시오   파우소네 『멍키스패너』의 주인공라는 인물을 묘사할 때 영향을 주었습니까?

레비   아닙니다.

테시오   파우소네에 대한 영감을 준 사람은 누구입니까?

레비   제가 만났던 여러 조립공들에서 탄생했습니다. 특히 우리 공장의 소유주가 운영하는 공장에서 일하는 조립공들입니다. 그 공장은 시크메Sicme인데 지금도 토리노 치냐가에 있습니다. 구리선 코팅 장비를 조립하는 공장이어서 조립공들이 있습니다. 저는 그들과 이야기를 나누었고, 파우소네에 대한 영감은 거기서 탄생했습니다.

테시오 관리자로서 직공들과 직접 만났습니까? 중간에 누가 있었나요?

레비 몇몇 사람과는 직접적인 관계를 맺었습니다. 우리 팀에 있던 직공들이지요. 다른 사람들과는 "갑판장"을 통해서 대화를 했습니다.

테시오 당신은 군대에서 사용하는 말로 하자면 지휘자로서의 자질이 있었습니까?

레비 저는 늘 그 부분에 별로 소질이 없었습니다. 지휘는 공장장에게 맡겼지요.

테시오 트라우마로 남은 사건들이 있습니까? 당신을 곤란하게 만들었던 인간적인 사건들 말입니다.

레비   기억하기가 조금 어렵습니다. 직공들은 심각한 가정 문제
       들이 있었어요. 한 사람이 절도를 했는데…….

테시오 공장에서 말입니까?

레비   그렇습니다.

테시오 그런 경우 처리하기가 힘들었습니까?

레비   그렇습니다. 그를 해고해야만 했습니다. 담배 피우는 사람
       을 여러 차례 목격했지만 그건 눈감아주었습니다. 흡연은
       금지되어 있었습니다. 어떨 때는 못 본 척하기도 했습니다.

테시오 직공은 총 몇 명이었습니까?

레비   최대 70명까지 있었습니다. 하지만 레지나 대로에 있던 초
       기에는 일곱 명이었습니다.

테시오 공장은 아직도 번창하고 있습니까?

레비   공장은 지금은 반으로 줄었습니다. 하지만 남아 있는 공장
       은 충분히 잘되고 있습니다. 제가 만든 장비들이 아직도 있

습니다.

테시오　공장에 문제가 있으면 집에까지 그 문제들을 가지고 가는 편이십니까?

레비　그렇습니다.

테시오　직장 일을 차단하지 못하셨군요…….

레비　못했습니다. 그리고 잘 모르겠는데, 가끔 밤에도 제게 전화를 했습니다. 무슨 일인지 확인하고 조처를 취하러 한밤중에 공장으로 간 게 한 번, 아니 두세 번은 되었습니다. 1957년 아들이 태어나던 날이 생각납니다. 제 아들이 새벽 4시에 태어났습니다. 그런데 저는 7시에 벌써 세티모에 도착해 있었어요. 우박이 쏟아져서 뭔지 모를 문제가 생겼기 때문입니다. 저는 성실히 일했습니다.

테시오　그 점은 추호도 의심하지 않습니다. 공장에서 일하면서 직업을 바꾸고 다른 일을 해야겠다는 생각을 정말 한 번도 하지 않으셨습니까? 예를 들어 직접 공장을 운영한다든가?

레비　예전에 경험을 했기 때문에 직접 공장을 운영한다는 생각은 해보지 않았습니다. 분명하지 않았습니다. 저는 기업가의 소질이 없었습니다. 은퇴할 때를 간절히 기다렸죠. 특히 밤에 오는 전화들은 정말 충분히 받았으니까요. 사고에 대해서는 이미 이야기하지 않았나요?

테시오   가연성 물질을 불길에 던져서 그 불을 꺼버릴 수 있다고 생각하십니까? 그러니까 이렇게 분리된 삶 역시 당신이 이끌어온 삶이었습니다.

레비   이 많은 질문을 던질 에너지가 당신의 어디에서 나오는지 궁금하군요. 미스터리예요.

테시오   저도 자문하곤 합니다.

레비   그건 그렇고 『휴전』은 1961년부터 1962년까지 꼬박 1년 동안 썼습니다.

테시오   혹시 일이 없을 때면 공장에서도 쓰셨습니까?

레비   집에서만 글을 썼습니다. 저녁 식사 후에요. 글을 쓰고 싶은 강렬한 바람과 힘을 찾아냈지요.

테시오   사실 정말 놀라운 일입니다.

레비   퇴직을 해야 한다는 것을 알았을 때 『주기율표』를 썼습니다. 처음에는 할 수 없었어요. 공장 이야기를 할 수 없었지요. 저는 그 이야기를 금했습니다.

토리노의 작업실에서(1981)

레비도 몰랐던 이야기

이 책은 30여 년 전인 1987년 1월과 2월에 진행되었던 프리모 레비와의 인터뷰를 기록한 책이다. 『Io che vi parlo』, 즉 '여러분에게 말하는 나'라는 제목의 이 책은 레비가 사망하기 직전에 이루어진 세 번의 인터뷰로 구성되어 있다. '여러분에게 말하는 나'라는 문장은 강제수용소의 참상을 증언하기 위해 작품을 썼고 그 이후에도 기회가 될 때마다 적극적으로 증언자의 역할을 해온 프리모 레비의 삶을 단적으로 보여주는 듯하다.

인터뷰를 진행한 조반니 테시오는 문헌학자이자 문학비평가로, 이탈리아 현대 작가들의 작품 선집을 다수 편집하기도 했는데 프리모 레비와의 인연도 그러한 편집 작업을 통해서 시작되었다. 테시오는 "이야기가 최고의 치료제"라는 이유를 들어 레비에게 대화를 제안했고 이 제안은 자서전을 쓰는 것으로 이어진다. 자서전을 위해 시작한 인터뷰는 갑작스러운 레비의 죽음으로 세 번에서 중단되고 말았다. 그렇기 때문에 어떤 면에서 보면 중단된 이 세 번의 인터뷰에서 레비는 자신의 삶을 총체적으로 되돌아보았다고도 할 수 있을 것이다.

테시오는 "문제점보다는 사실과 사람에 더 집중하며 최대한 시간 순서대로 이야기를 나누"도록 하는 것 외에는 아무런 규칙이나 진행 방식을 정하지 않았다고 밝힌다. 그래서 레비의 이야기는 어린 시절부터 중·고등학교 시절, 대학 시절과 대학 졸업 후, 아우슈비츠 수용소로 끌려가기 전, 그리고 수용소에서 돌아오고 난 후의 순서로 이어진다. 수용소에서의 일들은 대화에 포함되지 않았다. 사실 레비의 소설에 관심이 있는 독자들이라면 익히 알고 있을 수 있는 이야기들이기도 하고 이 책에 여러 차례 등장하는『주기율표』의 내용과 중복되는 부분들도 있다. 그러나 이 책에서 무엇보다 흥미로운 것은 작가로서의 레비가 아니라 한 남자로서의 레비의 모습들을 볼 수 있다는 점이다. 레비는 테시오에게 자신의 말은 "번역되어야" 한다고 말하는데 이것은 자신이 '하는 말'과 '할 수 있는 말'이 꼭 일치하지만은 않기 때문에 해석이 필요하다는 의미다.

레비는 강제수용소라는, 인간적 한계를 초월한 극한상황에서 죽음과 대면한 인간의 모습을『이것이 인간인가』를 통해 생생하게 그려낸 작가로 잘 알려졌다. 그는『이것이 인간인가』이후에도 여러 작품을 통해 거대하고 불합리한 폭력 앞에서 말살된 인간성을 증언할 뿐만 아니라 나아가서는 현대 인간 자체의 위기를 경고한다. 그러면서 레비는 인간 본성에 대한 성찰과 사유를 중단하지 않았으며 인간성이 모든 개인에게 드러나는 특징이 아니라는 사실을 발견한다. 그래서 한 인간이 타자의 눈에 어떤 식으로 비치는지 자문하며 인간 내부에 자리 잡은 동물적 성격이나, 인간을 인간답게 만들거나 그 반대로 작용하는 현대 기술의 역할에 대해 탐구하며 글쓰기를 계속했다.

과학과 인문학 독서를 통해 교양을 쌓은 화학자이던 레비는 글을 쓰면서 자신의 정체성에 대해 고민한다. 그는 이탈리아인이자 유대인이며 화학자이자 작가인 자신을 종종 켄타우로스에 비유하면서 자신의 작품과 작가로서의 페르소나에 혼종적인 요소가 담겨 있다고 밝히곤 했다. 화학과 문학이라는, 서로 공통점이 전혀 없는 분야에서 활동을 했지만 과학적 사고방식을 지닌 이성적 화학자로서 항상 비이성적이고 환상적이며 어쩌면 다소 터무니없을 부분에 대해 매력을 느꼈고 그로 인해 과학과 문학의 융합이라는 해결책을 찾게 했다. 레비는 『이것이 인간인가』 이후 문학과 과학, 말과 사물, 정신과 물질의 구분, 더 나가서는 인간과 동물, 인간과 기계의 이분법을 거부하고 그 경계를 허무는 글쓰기를 지향했다. 이 책에는 글쓰기에 대한 그러한 여정이 겉으로 드러나 있지는 않지만 그의 글쓰기가 어떻게 시작되었는지에 대한 이야기가 담겨 있다. 아마 인터뷰가 계속되었다면 그러한 뿌리에서 시작해서 서서히 레비 작품으로 이야기가 뻗어나가지 않았을까.

레비는 어린 시절과 아버지, 학교 선생님들과 친구들, 그리고 극도로 내성적이었던 자신의 모습을 자세히 떠올린다. 그리고 아우슈비츠 수용소로 끌려가기 전의 기억을 차분하게 이야기 한다. 테시오는 레비가 어떤 기억을 떠올릴 때면 마치 그때까지 자신도 알지 못했던 사실을 발견한 듯 오래 그 기억에 머물러 있었던 반면 어떤 기억들은 꺼내기를 주저하고 이야기를 망설였다고 회상한다. 그러면서 그때까지와는 다른 고통과 죄책감을 생생하게 느끼는 듯했다고 한다. 30여 년이 지난 뒤 글로 "번역된" 인터뷰를 읽으면서도 그러한 부분이 어디쯤인지를 느낄 수 있었으니 실제 레비의 고통은 짐작도 할 수 없다.

내가 『이것이 인간인가』와 『주기율표』를 번역한 것은 2006년이었다. 그때 처음 접한 레비의 문장들은 정확하고 간결했으며 선명하고 유머가 담겨 있었다. 그래서인지 극한상황들을 이야기하는 그의 글들에서 따뜻함이 느껴지기도 했다. 이 책에서도 레비는 정확하고 간결하게 자신을 표현한다. 레비가 여러 작품에서 자신이 내성적이라고 밝히긴 했으나 그런 성격이 레비에게 상상도 할 수 없는 고통과 아픈 기억을 남겼다는 것은 이 책을 번역하면서 알게 되었다.

『이것이 인간인가』의 번역을 마치고 난 뒤 한참 동안 가슴이 먹먹했던 기억이 난다. 테시오와 인터뷰 약속을 해놓고도 자살이라는 비극적인 선택을 했다는 사실을 알아서인지 이 책을 번역할 때는 자주 그런 기분이 들었다. 레비의 자살에 대한 이유는 아직도 알려지지 않았고 알 수도 없다. 그러나 레비가 남긴 이 마지막 "말"에서는 굽이굽이 숨겨진 아픔과 슬픔을 어렴풋하게나마 볼 수 있을 뿐만 아니라 삶과 인간에 대한 레비의 변함없는 진실성과 애정도 읽을 수 있어서 한 걸음 더 그에게 다가간 느낌이다.

2019년 4월
이현경